비즈니스 수익 구조를 만들어내는
9셀

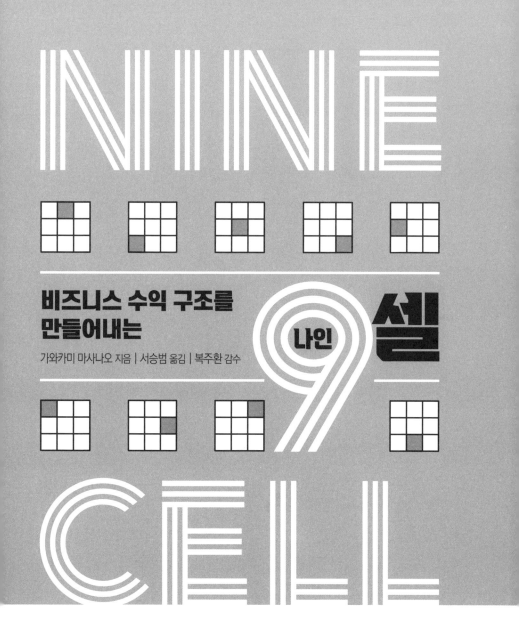

NINE CELL

**비즈니스 수익 구조를
만들어내는**

나인 9 셀

가와카미 마사나오 지음 | 서승범 옮김 | 복주환 감수

한국경제신문 *i*

돈을 만들어내는
신박한 생각정리스킬! 나인 셀!

복주환 감수(생각정리클래스 대표)

'어떻게 하면 내가 생각한 비즈니스 모델을
사람들에게 좀 더 쉽게 전할 수 있을까?'

'획기적인 비즈니스 전략을 생각해내는 아이디어 발상법이 있을까?'

'비즈니스 모델을 원페이지(One-Page)로
정리하는 방법은 무엇일까?'

비즈니스를 하는 사람이라면 누구나 한 번쯤 고민해봤을 것이다. 현재 나는 '생각정리클래스(thinkclass.co.kr)'를 10년 동안 운영하고 있다. 삼성, 현대, LG, 포스코 등 국내의 유수 기업에 출강해 '생각정리스킬'을 전하고 있으며, 회사의 CEO나, 자영업을 하는 사장들과 퍼스널 비즈니스를 준비하는 사람들을 대상으로 개인 컨설팅도 하고 있다. 그동안 '생각정리'라는 주제로 4권의 책을 쓰고, 수백만 명의 독자, 학습자, 유튜브 구독자들을 만났다.

지금까지 아이디어 기획, 문제해결, 목표 설정 및 시간 관리, 학습법 등 다양한 주제의 생각정리 콘텐츠를 다뤄왔는데, 최근 사람들이 가장 많이 관심을 갖는 생각정리 주제는 '돈을 만들어 내는 생각정리스킬'이다. 하루가 다르게 급변하는 세상에서 살 아남기 위해선 전략적으로 생각하고 정리해서 행동할 수 있는 능력이 필요하다.

이러한 상황에서 '사람들의 문제를 해결해줄 수 있는 가장 좋은 방법이 무엇일까?' 고민하며 비즈니스 생각정리스킬을 연구 하고 있었는데, 우연한 기회로 이 책의 감수를 맡게 되었다. 이미 수백 가지의 비즈니스 생각정리툴과 다양한 경영 프레임워 크를 알고 있어서 솔직히 큰 기대를 하지 않았다. 비즈니스 모델 양식을 9가지 칸에 채워 넣는 정도의 내용일 것으로 생각했기 때문이다. 그런데 그것은 착각이었다. 이 책에는 단 9가지 칸 안에 비즈니스 모델을 담는 동시에 성공 전략까지 세울 수 있는 핵심 비법이 담겨 있었다. 책의 마지막 페이지를 덮으며, 나는 유레카를 외쳤다.

'돈을 만들어내는 신박한 생각정리스킬이 여기에 있었구나! 나인 셀!'

생각정리 컨설턴트로서 당신에게 이 책을 강력히 추천하는 이유는 3가지다.

첫째, 신박한 생각정리스킬 '나인 셀'을 배울 수 있다. 나인 셀은 빈 칸을 채우는 심리를 활용해 9가지 칸에 생각을 정리하는 기존의 '만다라트', '매트릭스' 생각정리스킬과 유사하다. 한 가지 다른 점이 있다면, 나인 셀은 비즈니스 이노베이션 전략을 만들어준다. 9가지 칸에 저자가 알려주는 방법대로 아이디어를 정리해나가다 보면 자연스럽게 성공 전략이 떠오른다.

둘째, 이론과 실천을 겸비한 경영학 교수인 저자의 인사이트를 얻을 수 있다. 수년 동안 차곡차곡 축적된 비즈니스 노하우가 주옥같은 문장으로 잘 정리되어 있다. 좋은 책은 자주 밑줄을 치게 만드는 책, 아이디어가 떠올라 책을 덮고 생각하게 만드는 책이라고 생각하는데, 이 책이 바로 그런 책이다.

셋째, 게다가 이 책에는 비즈니스 모델을 잘 구축해서 성공한 기업의 사례가 풍성하게 담겨 있다. 아마존, 넷플릭스, 우버, 코스트코와 같은 기업들의 비즈니스 모델이 나인 셀 한 장에 정리된 사례를 통해 그들의 성공 요인을 분석해보는 것만으로도 가치가 있다. 더 나아가 당신의 비즈니스를 성공시킬 방법과 노하우까지 알려주고 있어 실용적이고 유용하다.

세상을 바꿀 혁신적인 비즈니스 모델을 만들고 싶은가? 기존의 비즈니스 방식에서 벗어나 새로운 비즈니스 성공 전략을 세워보고 싶은가? 단숨에 돈을 만들어내는 생각정리스킬을 알고 싶은가? 그렇다면 이 책을 꼭 한번 읽어보길 바란다. '나인 셀'과 '9가지 비즈니스 질문'이 당신의 비즈니스를 성공으로 이끌어줄 것이다.

비즈니스 성공률을 높이는 '고객가치, 이익, 프로세서 +Who, What, How'의 조합

이근우(특창사 대표, 프랜차이즈 브랜딩 메이커)

여기 단 9개의 질문이 있다. 이 질문에 대한 대답을 고민해보라. 비즈니스의 실패 확률을 절반 이상 줄일 수 있을 것이라고 확신한다.

나는 5년 차 영업회사의 대표다. 업계에서는 독보적 1등 회사로서, 경쟁사 벤치마킹 1순위 대상이기도 하다. 만약 내가 이 비즈니스를 시작하기 전에 이 책을 봤더라면 어땠을까? 무려 3년이나 걸친 시행착오를 최소 절반으로 줄일 수 있지 않았을까 싶을 정도다. 이 책의 핵심인 나인 셀(9셀)을 작성하는 것만으로 말이다.

'고객가치', '이익', '프로세서' + 'Who', 'What', 'How'

단지 이 조합만으로 자신이 기획한 비즈니스가 과연 돈을 벌 수 있는 구조인지 판단할 수 있다면? 속는 셈 치고 한 번만 해보길 바란다. 당신의 비즈니스에 부족한 점, 모순점이 보이면서 전체상을 알게 될 것이다.

　이 책은 이제 막 비즈니스를 구상하고 있는 초보 사업가의 눈높이에 맞춰져 있다. 유명 기업의 다양한 케이스 스터디를 바탕으로 쉽게 읽힌다. 덕분에 비즈니스의 전체상을 이해하는 스킬을 장착하게 될 것이다.

　아마도 당신은 강력한 실행력을 가진 사람일 확률이 높다. 실행하기 전에 나인 셀 작성으로 비즈니스의 전체상을 파악할 수 있다면, 이미 당신은 남들보다 2배 이상의 빠른 속도로 성장할 것이다. 새로운 비즈니스의 세계에 도전하는 사람에게 이 책은 최고의 공략집이 될 것이다.

돈을 잘 버는 회사는
비즈니스 전체를 바라보는 능력이 있다

다음과 같은 비즈니스 이론은 많은 분들이 알고 있거나, 또는 이름 정도는 들어본 적이 있을 것입니다.

- 4P(또는 4C)[1]   · 3C 분석[2]   · 밸류체인[3]
- SWOT 분석[4]   · STP[5]   · 과금 모델[6]

이러한 이론이나 툴은 비즈니스의 '어떤 부분'만을 잘라낸 것으로, 자세하게 알고 있다고 해서 비즈니스의 전체상을 이해한 것은 아닙니다.

---

1) 4P란 제품이나 서비스의 마케팅 프로세스를 구성하는 4가지 핵심 요소를 말합니다. 4P는 제품(Product), 가격(Price), 판매 촉진(Promotion), 유통 채널(Place)를 의미합니다.
2) 3C 분석이란 자사 분석(Company), 경쟁사 분석(Competitor), 고객 분석(Customer)을 의미합니다.
3) 밸류체인(Value Chain)은 기업이 가치(Value)를 창출하기 위한 활동들을 사슬(Chain)처럼 연결시켜놓은 것을 말합니다.
4) SWOT 분석은 비즈니스나 특정 프로젝트의 강점, 단점, 기회, 위협을 식별하기 위해 사용하는 기법입니다. SWOT 분석은 소규모 비즈니스와 비영리 조직부터 대기업에 이르기까지 다양한 조직에서 널리 사용되고 있습니다.
5) STP 전략이란, 시장을 세분화하고(Segmentation), 세분된 시장 중 표적 시장

지금 많은 사람이 하는 일의 대부분은 영업이면 영업, 경리면 경리 등, 프로젝트 전체로 보면 '한 부분'에 지나지 않습니다. 하지만 여기서 뒤로 조금 물러서서 '전체적으로 보는 것'이 가장 중요합니다.

직소 퍼즐은 총 몇 조각이 있는지 모르는 상황에서 그냥 한 조각씩 이어 맞추는 것보다 상자에 그려진 완성도를 떠올리면서 작업하면 훨씬 빨리 완성할 수 있는 것처럼, 전체상을 알고 있으면 원하는 부분을 훨씬 더 발견하기 쉬워집니다. 비즈니스도 마찬가지입니다. 전체적으로 보기 때문에 지금의 비즈니스에 부족한 점이나 모순점을 알 수 있습니다. 이것이 명확해지면, 나머지는 4P나 SWOT 분석 등의 이론을 적절히 활용해서 해결책에 도달할 수 있습니다. 그렇다면, 어떻게 하면 비즈니스의 전체상이 보일까요? 여기서 강력한 무기가 되는 것이 이 책의 핵심이 되는 '9개의 질문(=나인 셀)'입니다.

'나인 셀'이 있으면 비즈니스의 전체상이 선명하게 보입니다
나인 셀은 〈자료 0-1〉과 같이 9개의 질문에 대한 답을 9개의

을 선정하고(Targeting), 선정된 표적 시장에서 어떤 위상을 확보할 것인지에 대한 방안을 수립하는(Positioning) 정의와 전략입니다.
6) 과금은 서비스를 제공한 측에서 서비스를 사용한 사람에게 사용료를 거두어들이거나 또는 그렇게 거두어들인 돈을 말하는 것으로, 즉 '어떤 방식으로 내게 할 것인가'의 문제입니다.

셀에 적용시켜 비즈니스의 전체상을 파악하기 위한 프레임워크입니다. 나인 셀에서 생각해야 하는 요소는 다음의 3가지입니다.

- 당신의 비즈니스에서 고객 가치는 무엇입니까?
- 당신의 비즈니스는 어떻게 이익을 내고 있습니까?
- 당신의 비즈니스에서 고객 가치와 이익을 창출하기 위해 어떤 과정을 거치게 됩니까?

이 3가지 질문에 대한 답을 생각해 9개의 셀에 적용할 수 있다면, 이를 통해 처음으로 '돈을 버는 구조'가 보이게 됩니다.

〈자료 0-1〉 **키워드는 '고객 가치', '이익', '프로세스'**

'고객 가치가 중요한 건 당연하지 않나?'

'이익을 생각하지 않는 비즈니스 같은 건 있을 수가 없다.'

이렇게 생각하시는 분들이 있을 수도 있습니다. 맞는 말입니다. 그렇다면 당신은 '고객 가치'와 '이익'을 동시에 생각하는 논리를 가지고 있습니까? 사실 그런 사람은 굉장히 드물 것입니다. 하물며 이것들을 실현하는 '프로세스'까지 의식하고 있는 사람은 거의 없는 것이 현실입니다.

원래 비즈니스의 목적은 고객 만족을 추구하고 세상을 보다 좋게 만드는 것입니다. 그것을 지탱하기 위해서는 계속해서 이익을 낳지 않으면 안 됩니다. 즉, 본래의 비즈니스는 '고객 만족'과 '이익'을 동시에 창출해야 하는 것이지만, 많은 사업가들이 이 양자를 떼어놓고 있습니다.

왜냐하면, 영업이나 마케팅 담당자는 직감적인 우뇌 계통의 일(='고객 만족'에 관한 일)을, 재무나 경리 담당자는 논리적인 좌뇌 계통의 일(='이익'에 관한 일)을 잘하기 때문에 거기에만 집중하기 때문입니다. 양쪽은 종종 '더 예산이 있으면 판촉비에 충당할 수 있는데…', '판촉비에 비용이 너무 들어 이익이 줄어든다'라며 대립합니다. 그래서 '고객 만족'과 '이익'의 동시 창출은 반쯤 포기하고 있는 것입니다. 일반 사원이나 관리직뿐만 아니라 경영자도 그렇습니다.

저는 경영학자이면서 많은 기업의 어드바이저로서 경영 개혁이나 사업 재생에 조언을 하고 있지만, 경영자 중에도 로직(logic)을 활용해 생각할 수 없는 사람이 많습니다.

그래서 저는 '지금까지 경영학 교과서나 비즈니스 책에서 다양하게 다루어져왔던 내용을 체계화할 수 없을까?'를 생각해 9개의 질문에 대답하는 것으로, 비즈니스가 선명하게 보이는 '나인 셀'이라는 프레임워크를 고안했습니다.

나인 셀은 시각적이고 실천적이다

나인 셀에서는 9개의 질문에 대답하는 것만으로 지금 하고 있는 비즈니스를 어떻게 혁신하면 좋을지, 혹은 새로운 비즈니스를 어떻게 전개하면 좋을지가 선명하게 보이게 됩니다.

기존의 이론이나 도구와는 다른 큰 특징 2가지가 있습니다.

■ 시각적일 것

나인 셀은 논리적으로 정리한 비즈니스의 전체상을 한눈에 볼 수 있기 때문에 같은 프로젝트를 진행하는 멤버 간의 의사소통이 쉬워질 뿐만 아니라, 거래하는 상대방에게 이야기할 때에도 강력한 커뮤니케이션 도구가 됩니다.

또한, 프레임워크는 '9개의 셀'로 간단하게 구성되어 있기 때문에 언제 어디에서든지 사용할 수 있습니다. 특별한 앱이나 포맷은 필요 없습니다. 뭔가 새로운 아이디어가 떠오르면 근처에 있는 메모지나 냅킨에 손으로 선을 긋고, 9개의 셀에 써넣기만 하면 됩니다.

■ 실천적일 것

나인 셀은 비즈니스의 전체상이 보이기 때문에 콘셉트 등에 누락이나 중복이 없는지 등을 체크하는 데도 도움이 됩니다. 이른바 비즈니스의 논리적 사고를 간편하게 실천할 수 있는 툴입니다.

'고객 가치', '이익', '프로세스'의 9개의 셀은 각각 로직이 있기 때문에 어느 쪽이 약한지, 또는 어디를 좀 더 강화해나가야 할지 하는 과제가 바로 보입니다. 또 실제로 사업을 성공시키려면 '무엇을 해야 하는지'뿐만 아니라 '무엇을 하지 않고 놔두어야 하는지'를 명확히 해야 하는데, 그것 역시 나인 셀에서 분명하게 확인할 수 있습니다.

9개의 셀에 답을 적어 넣고 '여기를 강화하면 잘될 것 같다'라든가 '여기에 문제가 있을 것 같다'와 같은 셀이 발견되었다면, 나머지는 〈자료 0-2〉와 같이 기존의 다양한 이론이나 툴을 적용해나가면 됩니다.

<자료 0-2> 갖가지 이론과 도구를 조합해서 사용할 수 있다

	Who	What	How
고객 가치	① 고객은 누구인가? **STP**	② 무엇을 제안하는가? **4P(4C)**	③ 어떻게 다른가?
	3C 분석		
이익	④ 누구에게서 돈을 벌 것인가?	⑤ 무엇으로 돈을 벌 것인가?	⑥ 어떻게 돈을 벌 것인가?
	과금 모델(프리미엄, 면도날 등)		
프로세스	⑨ 누구와 함께할 것인가? **아웃소싱**	⑧ 강점은 무엇인가? **SWOT 분석**	⑦ 어떤 수순으로 할 것인가? **밸류체인**

예를 들어, 상단의 '고객 가치'를 수정해야 할 필요성이 보인다면, STP나 4P, 3C 분석을 사용해서 셀별로 분석을 추가하는 것입니다. 이렇게 보면 나인 셀이 비즈니스의 전체상을 파악하고 있는 것에 비해, 기존의 이론이나 툴은 비즈니스의 특정 일부분에만 초점을 맞추고 있다는 것을 알 수 있습니다.

나인 셀은 기업 현장에서 배양된 프레임워크

이 책에서는, 아마존, 컬처 컨비니언스 클럽, 코스트코 홀세일, 우버, 넷플릭스와 같은 다양한 기업이 실제로 전개하고 있는 비즈니스를 나인 셀로 분석할 것입니다. 누구나 알고 있는 세계적인 대기업, 주목을 끌고 있는 중견기업, 지금부터 급성장이 기대되는 스타트업이라고 불리는 신흥기업으로, 규모마다 크게 3개의 카테고리로 나누어 각각의 대표적인 기업이 다루고 있는 사업을 나인 셀에 맞추면서 '고객 가치', '이익', '프로세스'에 대해서 어떻게 생각하면 좋을지 자세하게 살펴보겠습니다.

많은 선진국에서는 모든 분야에서 제품·서비스가 발달해 시장이 포화 상태에 있는데, 그러한 가운데 '대기업이나 중견기업이 어떻게 다음 한 수를 둘 것인가'가 주목받고 있습니다. 한편 스타트업이라 불리는 신흥기업은 지금까지의 비즈니스에서 상식이라 여겨온 시점을 조금 다르게 살피거나 간과되어온 것을 끌어올리는 등, 새로운 비즈니스의 틀을 만드는 것을 요구받고 있습니다. 나인 셀의 프레임워크를 활용하면, 회사 규모의 크고 작음이나 업종과 관계없이 비즈니스의 전체상을 파악해 돈을 버는 구조를 만들어낼 수 있습니다.

저는 경영학자로서 나인 셀의 연구에 몰두하면서도 어드바이저로서 수많은 기업의 연수 등에 참여할 기회를 얻어 실제로 이

툴을 비즈니스 현장에서 활용할 수 있는지 확인해왔습니다. 몇 번의 시행 착오를 거듭하면서 각각의 기업이 다루는 사업이나 서비스를 나인 셀에 적용하고, 문제점이나 개선점을 시각화해 돈을 버는 구조를 분명히 해서 결과적으로 이익 구조의 개혁에 공헌할 수 있었던 사례가 몇 번이나 있었습니다. 즉, 나인 셀은 경영학자가 머리로만 생각하는 '탁상공론'이 아니라, 기업 활동 현장에서 배양된 실천적인 프레임워크입니다.

비즈니스를 둘러싼 환경이 점점 힘들어져 한계를 느끼는 경영자나 사업가들이 많을 것으로 생각합니다. 나인 셀은 그러한 상황 속에서 타개책을 찾기 위한 강력한 툴이 되어줄 것입니다. 이 책을 읽고 있는 경영자나 사업가분들이 각각의 사업 분야에서 나인 셀을 활용해 이노베이션(innovation)을 일으켜 보다 많은 기업이 한층 더 발전할 수 있기를 바랍니다.

가와가미 마사나오(川上昌直)

Chapter
3

과금 포인트를 궁리해서 '돈을 버는 구조'를 만든다

Chapter
4

고객 관점에 선 '프로세스'로
비즈니스를 움직이자

비즈니스의 다음 한 수는
나인 셀이 쥐고 있다!

나인 셀은 9개의 칸(셀)으로 구성되어 있습니다. 각각이 질문 형식으로 되어 있고, 9개의 질문에 대답함으로써 그 비즈니스의 구조(누구에게 어떠한 제품이나 서비스를 제공해 어떻게 돈을 버는가)를 분명히 합니다. 나인 셀을 사용하면, 비즈니스의 전체상을 파악할 수 있으므로, 현행 사업의 문제점이나 개선점을 발견하고 새로운 사업의 길을 내다볼 수 있게 됩니다.

백문불여일견(百聞不如一見)이니, 우선은 워밍업을 겸해 구체적인 사례를 바탕으로, 나인 셀의 사용법을 설명하겠습니다.

조지 루카스는
탁월한 경영 센스의 소유자

먼저 살펴볼 것은 조지 루카스(George Lucas) 감독의 영화 〈스타워즈〉입니다. 저 역시 세계적으로 화제인 이 영화의 광팬입니다. 1978년 첫 작품이 나왔을 때는 3살이었는데, 아버지가 영화관에 데려가주신 기억이 아직도 생생합니다.

여러분은 이 영화의 배급사인 20세기 폭스가 어떻게 돈을 벌고 있다고 생각하시나요? '영화관 입장료'라고 대답하는 사람이 많을 것입니다. 맞습니다. 영화 배급사의 수익의 핵심은 극장 흥행 수입입니다. 이제 질문의 방향을 바꾸도록 하겠습니다. 그럼 감독인 조지 루카스는 어떻게 돈을 벌까요?

"감독료…?" 물론 이 대답도 맞습니다. 하지만 조지 루카스는 감독료를 절반밖에 받지 않았습니다. 나머지 반은 20세기 폭스에게 양도하고 있습니다. 감독료는 영화감독에게 '생명'일 텐데, 그는 왜 중요한 감독료를 반으로 해도 좋다고 한 것일까요? 그때는 신인 감독이었기에 권리 관계를 잘 모르는 채 사인했을까요? 아니요. 루카스는 오히려 전략가였습니다. 그는 엔터테인먼트 세계의 크리에이터 중에서는 드물게 뛰어난 경영 센스를 가지고 있었습니다.

왜냐하면, 그는 감독료를 반으로 줄이는 대신 영화에 대한 머천다이징(관련 물품 판매)의 권리를 절반 취득했기 때문입니다. 그의 선견지명이 얼마나 대단한지 숫자를 살펴보면 바로 알 수 있습니다.

〈스타워즈〉 영화의 흥행 수입은 초기 6개 작품의 합계가 총 45억 달러입니다. 감독료라 해보았자 얼마 안 됩니다(참고로 첫 작품은 약 5억 원). 이에 비해 머천다이징의 수입은 무려 150억 달러입니다. 뚜껑을 열어보면 캐릭터 피규어, 관련 상품 등이 창출한 수입이 영화 자체 흥행 수입의 3배 이상입니다.

이런 상황이 될 것을 루카스는 30년도 더 전에 내다보고 있었을까요? 저는 그렇다고 생각합니다. 첫 번째 영화가 개봉될 당시만 해도 영화 속 캐릭터 상품 시장은 거의 개척되지 않은 상태였지만, 루카스에게는 확신이 있었던 게 아닐까요? 자신의 영화를 보고 감동받은 사람들이 영화의 세계관에 빠져들고 싶어지는 것을 말이죠. 루카스 자신이 어렸을 때부터 SF 마니아였기 때문에 외출할 때는 다스 베이더나 츄바카가 그려진 티셔츠를 입거나 열쇠고리를 착용하고 싶고, 집에 돌아가면 R2-D2나 C-3PO 피규어를 가지고 놀고 싶고, 코스프레도 해보고 싶은 이러한 팬들의 마음을 손에 잡힐 듯이 알고 있었던 것입니다. 그의 머릿속에는 스타워즈가 대박을 터뜨려 시리즈화되면 많은 팬이 마니아로 진화해 캐릭터에 대한 구매 욕구가 지속될 것이라는 시나리오가 있었던 것 같습니다.

비즈니스=고객 가치×이익×프로세스

조지 루카스의 비즈니스 전략을 나인 셀을 사용해 해독해보기 전에 먼저 나인 셀의 기본적인 구조를 설명하겠습니다.

〈자료 1-1〉과 같이 나인 셀은 세로 3단×가로 3열, 합계 9개의 칸(셀)으로 구성됩니다. 각각의 셀에는 질문이 적혀 있고 그 질문들에 하나씩 대답해갑니다. 즉, 9개의 질문을 답으로 바꾸는 작업을 통해서 비즈니스의 전체상을 밝혀내는 것입니다.

앞에서도 말했듯이, 일반적으로 비즈니스 모델에 관한 논의는 4P(4C)나 3C 분석, 밸류체인 등과 같은 개별적인 이론이나 툴만이 주목받고 있었기에 비즈니스 전체를 살펴보고 시각적으로 파악할 수 있는 프레임워크가 없다고 생각했기 때문입니다. 고객을 만족시키기 위해서 마케팅을 필사적으로 습득하고, 이익을 늘리기 위해서 재무나 회계학 책을 읽는다고 해도 비즈니스의 전체상을 파악할 수 없으면 '다음 한 수'를 좀처럼 둘 수 없습니다. 그래서 저는 기업의 어드바이저라는 입장에서 다양한 비즈니스 현장을 경험을 쌓으면서 필요 충분 요소를 만족하는 프레임워크를 추구해왔습니다.

여기서 다시 나인 셀의 기본적인 구조 설명으로 넘어가겠습니다. 〈자료 1-1〉을 봐주세요.

〈자료 1-1〉 비즈니스를 '고객 가치', '이익', '프로세스'로 나눈다

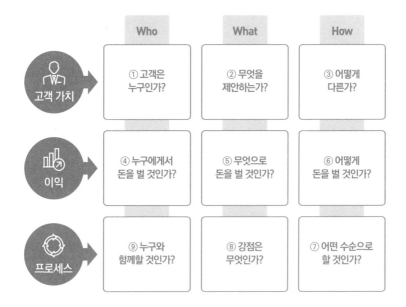

나인 셀은 위에서부터 '고객 가치', '이익', '프로세스'라고 하는 3개의 단으로 되어 있습니다. 그리고 각 단에 Who(=누구?), What(=무엇?), How(=어떻게?)라는 질문이 할당되어 있습니다. 즉, 9개의 질문으로 구성되어 있는 셈입니다.

각각의 질문에 어떻게 답변해야 할지 위에서부터 차례로 살펴보도록 하겠습니다.

맨 위에 있는 '고객 가치' 단은 왼쪽부터 ① Who(고객은 누구인가?), ② What(무엇을 제안하는가?), ③ How(어떻게 다른가?)입니다. 즉, '어떠한 문제를 가지고 있는 고객'에 대해서 '어떠한 해결책(제품·서비스)을 제공할 것인가', '기존의 제품·서비스와의 차이는 무엇일까'를 생각해봅니다.

가운데 '이익' 단에서는 '고객 가치'의 3가지 질문에서 도출된 답을 바탕으로 어떻게 돈을 벌지 생각해봅니다. ④ Who는 "누구에게서 돈을 벌 것인가?", ⑤ What은 "무엇으로 돈을 벌 것인가?", ⑥ How는 "어떻게 돈을 벌 것인가?"입니다. 바꾸어 말하면 Who는 '누구에게서는 돈을 안 벌어도 되는가?' What은 '돈을 못 버는 것은 무엇인가?' How는 '어느 타이밍에 돈을 벌지 않아도 될까?'라고 할 수 있을 것입니다.

모든 비즈니스는 이 '고객 가치'와 '이익'을 동시에 낳지 않으면 성립되지 않습니다. 즉, 나인 셀의 상단과 가운데 단의 6개의 질문에 제대로 대답할 수 없다면, 유감스럽게도 비즈니스로서 성립될 수 없다는 것입니다. 단, 6개의 질문에 대답할 수 있다고 해도 그것만으로는 충분하지 않습니다. 아이디어를 실행에 옮기고 비즈니스를 성공으로 이끌기 위해서는 다음의 3가지 질문에 대답할 수 있어야 합니다

그것이 하단의 '프로세스'에 대한 질문입니다. ⑨ Who는 "누구와 함께할 것인가?", ⑧ What은 "강점은 무엇인가?", ⑦ How는 "어떤 수순으로 할 것인가?"입니다. 바꾸어 말하면, 비즈니스 전체를 실현하기 위해 '어떤 기업이나 사람들과 파트너를 할 것인가?', '내가(자사가) 가장 강점을 발휘할 수 있는 것은 무엇일까?', '부족한 자원(인재나 지금 설비)을 누구에게 보완받을 것인가?' 하는 것을 정하는 것입니다.

이처럼 나인 셀에서는 다양한 기업들이 제공하고 있는 제품이나 서비스를 고객 가치, 이익, 프로세스라는 3가지 시점으로 분해해서 각각 'Who?', 'What?', 'How?'라고 질문해나감으로써 비즈니스의 전체상을 그려내고, 강점이나 약점, 문제점이나 개선점을 구체화합니다.

덧붙여 여기에서는 각 단의 질문을, 왼쪽부터 Who → What → How의 순서로 설명했지만, 실제로 사용하는 경우에는 분석의 대상이 되는 비즈니스의 성질에 따라 생각하는 순서를 바꾸어갑니다. 과거의 경험으로 보면, '고객 가치'와 '이익' 단은 왼쪽부터 Who → What → How 순서, '프로세스' 단은 오른쪽부터 How → What → Who 순서로 생각하는 것이 가장 쉬울 것 같습니다.

과금 포인트를 '영화를 본 후'로 넘긴다

이제 기본 구조를 이해하셨을 것이라 생각하고, 다시 한번 〈스타워즈〉로 돌아가서 조지 루카스의 머릿속을 이 나인 셀에서 짚어봅시다. 〈자료 1-2〉가 나인 셀의 9개 질문에 대한 〈스타워즈〉의 답입니다.

먼저 제일 위의 '고객 가치' 단에 주목해주세요.

고객 가치는 어떤 용건이 있는 고객에게 어떤 가치를 제안하는지를 제시합니다. 〈스타워즈〉가 타깃으로 하는 것은 'SF 영화를 보고, 일상을 잊고 싶은 사람'으로, 그러한 고객에 대해서 최첨단의 영상과 음향 기술을 구사한 '비일상의 우주 체험'을 제공합니다. 막대한 예산이 든 우주 영화임에도 불구하고, 다른 수많은 영화(SF 작품)들과 똑같은 값을 지불하면 누구나 볼 수 있는 점에서 차이를 만들어내고 있습니다.

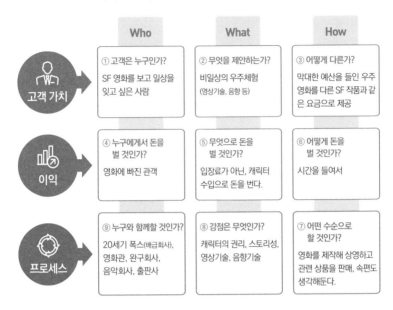

〈자료 1-2〉 〈스타워즈〉를 나인 셀로 분석

	Who	What	How
고객 가치	① 고객은 누구인가? SF 영화를 보고 일상을 잊고 싶은 사람	② 무엇을 제안하는가? 비일상의 우주체험 (영상기술, 음향 등)	③ 어떻게 다른가? 막대한 예산을 들인 우주 영화를 다른 SF 작품과 같은 요금으로 제공
이익	④ 누구에게서 돈을 벌 것인가? 영화에 빠진 관객	⑤ 무엇으로 돈을 벌 것인가? 입장료가 아닌, 캐릭터 수입으로 돈을 번다.	⑥ 어떻게 돈을 벌 것인가? 시간을 들여서
프로세스	⑨ 누구와 함께할 것인가? 20세기 폭스(배급회사), 영화관, 완구회사, 음악회사, 출판사	⑧ 강점은 무엇인가? 캐릭터의 권리, 스토리성, 영상기술, 음향기술	⑦ 어떤 수순으로 할 것인가? 영화를 제작해 상영하고 관련 상품을 판매, 속편도 생각해둔다.

결과적으로 이 '고객 가치'의 설정은 옳았다고 할 수 있습니다. '보길 잘했다!', '입장료 이상의 가치가 있었다!'라고 느끼는 고객이 많았기 때문에, 1960년대에 인기를 끈 텔레비전 드라마 〈스타트렉〉 이래 제2차 SF 붐을 일으킬 정도로 많은 사람에게 지지를 받아 남녀노소 상관없이 많은 팬을 얻었기 때문입니다.

다음으로 가운데 단의 '이익'을 보겠습니다. 두말할 필요도 없이 이 이익은 비즈니스를 존속시키기 위한 원천입니다. 앞서 설명해드린 '고객 가치'의 원천이라고도 할 수 있습니다.

사실 조지 루카스가 생각한 스타워즈 사업을 지탱하고 있는 것도 이익의 개념입니다. 그는 '영화관의 관람료'로 버는 것이 아닌, '영화에 빠진 관객'이 나중에 지불하는 '캐릭터 수입' 위주의 머천다이징으로 재미를 보려고 했습니다.

보통 영화라는 비즈니스 이익을 생각한다면 〈자료 1-3〉에서 살펴볼 수 있듯이, 영화 입장료로 당장 돈을 버는 시스템이 가장 먼저 떠오를 것입니다. 사실 배급사인 20세기 폭스는 영화 입장료 자체로 눈앞의 돈을 벌려고 했으니까요.

하지만 조지 루카스는 달랐습니다. 누구나가 '상영할 때가 과금의 타이밍'이라고 믿고 있는 가운데, '상영한 후라도 과금할 수 있을 것이다'라고 발상을 전환했습니다. 그렇기에 이 영화를 보는 사람으로부터 돈을 버는 것은 배급사에 맡기고, 그 대신 자신은 팬이 된 사람이 구입해주는 캐릭터 굿즈를 주체로 버는 것을 선택한 것입니다. 즉, '시간을 들여서' 돈을 번다는 전략이죠.

〈자료 1-3〉 기존 영화 비즈니스의 '이익'

참고로 현재 할리우드 영화 중 흥행 수입만으로 제작비를 충당할 수 있는 것은 5편 중 1편 정도밖에 없다고 합니다.

엔터테인먼트 비즈니스의 대가인 해롤드 보겔(Harold L. Vogel)에 따르면, 극장의 흥행 수입은 비디오나 DVD, TV 방영 등의 수입을 포함한 총액의 고작 20%라고 합니다. 라이선스 비즈니스를 고려하면 그 비율은 더 작아집니다. 이것은 즉, 영화는 '보고 난 뒤'가 사업 기회가 더 크다는 것을 의미하는데, 이것을 30년도 더 전에 깨닫고, 스스로 영화에서 실천해 보인 것이 조지 루카스였던 것입니다. 이 '과금 포인트를 늦추고 나중에 벌겠다'라는 루카스의 발상은 이제 할리우드에서는 표준적인 비즈니스 모델이 되었습니다.

다시 한번 강조하자면, 루카스에게 〈스타워즈〉라는 영화는 캐릭터 비즈니스를 위한 하나의 큰 CF라고 볼 수도 있습니다. 막대한 자금을 들여 상영시간 2시간이 넘는 사치스러운 CF 필름을 만들어 그 영상의 매력으로 전 세계 사람들의 마음을 사로잡은 후, 수십 년간 지속되는 캐릭터 상품 구매로 이어지게 한 것입니다.

〈겨울왕국〉으로 계승된 〈스타워즈〉 모델

〈스타워즈〉의 나인 셀 하단은 '상영한 후에 과금한다'라고 하는 아이디어를 실행에 옮겨, '비즈니스를 궤도에 올리기 위해서는 무엇을 하면 좋은가' 하는 '프로세스'를 제시했습니다.

조지 루카스는 '영화를 제작해 상영하다 → 관련 상품을 판매하다 → 속편도 생각한다'라는 순서로 비즈니스 시나리오를 그렸습니다. 그 시나리오를 전개하는 데 강점이 되는 것은 '캐릭터의 권리'나 '스토리성', 압도적인 '영상 기술', '음향 기술' 등입니다. 그리고 실제로 사업을 시작하기 위해 20세기 폭스라는 배급사뿐만 아니라 영화관, 완구회사, 음악회사, 출판사 등과 손잡고, 캐릭터 상품과 사운드트랙(레코드와 CD), 서적 판로도 확보했습니다. 실제 비즈니스에서는 이러한 견실한 프로세스를 하나하나 밟아감으로써 이익을 얻을 수 있습니다.

이렇게 나인 셀이라는 프레임워크에 적용해보면, 일반인들에게는 다소 생소한 엔터테인먼트 업계의 사례라도 어떻게 돈을 벌고 있는지에 대한 비즈니스의 구조를 머릿속에 그려볼 수 있습니다.

루카스의 영화 비즈니스 전체상은 마케팅론이나 전략론을 이용하거나 재정 지식을 구사하는 것만으로는 설명할 수 없습니다. 그것만으로는 기껏해야 '시리즈화를 할 수 있다'라든지 '캐릭터 상품을 판매한다'라는 정도의 비즈니스의 단편을 말하는 것밖에 할 수 없습니다.

반면, 나인 셀은 고객 가치, 이익, 프로세스라고 하는 다각적인 시점에서 비즈니스를 파악하려고 하기 때문에 '누구를 상대로 무엇을 팔아 어떠한 순서로 이익을 올리는가' 하는, '돈을 버는 구조'를 통째로 이해하기 쉬워집니다.

나인 셀의 9가지 질문에 대한 대답이 명확해지면, 그 비즈니스의 핵심이 되는 요소가 드러납니다. 예를 들어 조지 루카스의 경우라면, 기존 영화 비즈니스의 상식을 뒤엎고 이익 구조를 바꾼 것, 즉 가운데 단의 '이익' 구조를 바꿈으로써 성공할 수 있었다고 말할 수 있는 것처럼 더 깊이 있는 분석이 가능해집니다.

참고로 조지 루카스의 '시간을 들여' 돈을 번다는 발상은 디즈니 영화 비즈니스에서도 채용되고 있습니다. 예를 들어, 2013년 개봉한 초대형 히트작 〈겨울왕국〉만 해도, 먼저 영화를 통해 개성적인 캐릭터로 강한 인상을 남긴 후, 다양한 캐릭터 상품을 판매해 전 세계의 아이들에게 압도적인 지지를 얻어냈습니다. 이미 영화의 속편이나 뮤지컬의 개봉도 정해져 있습니다 (2016년 기준). 조만간 디즈니랜드 같은 테마파크에도 어트랙션이 생긴다고 합니다. 이런 일련의 전술은 〈스타워즈〉 시리즈와 똑같습니다.

 지금까지 조지 루카스가 개척한 새로운 '영화 비즈니스'를 통해 나인 셀의 사용법을 설명했습니다. 다음 Chapter에서는 한층 더 대상을 확대해서 전 세계의 유명 기업들이 펼치는 다양한 비즈니스를 나인 셀로 분석해서 '고객 가치', '이익', '프로세스'의 각각의 측면에서 특징을 살펴보고 강점을 찾아보겠습니다.

나인 셀은 사업 계획과는 전혀 다르다

'고객 가치', '이익', '프로세스'는 비즈니스의 필수 요소입니다. 그래서 나인 셀에서도 이 3가지 요소를 분석한다고 하면 많은 사람들이 "사업 계획도 마찬가지일 것 같은데 뭐가 달라요?"라고 질문합니다.

나인 셀과 사업 계획은 비슷하지만, 전혀 다릅니다. 이익을 내는 방식에서 차이가 있습니다. 제가 이것을 깨달은 것은 재정에 대한 연구를 하고 있을 때입니다. 많은 기업들이 쌓아 올리기 식으로 계획을 채워 이익을 산출합니다. 즉, '고객 가치 + 프로세스 = 이익'이라는 개념에 기반하고 있는데, 실제로는 이 틀에 들어가지 않는 이익 구조를 가진 사업들이 적지 않게 존재합니다. 그렇다면, 이러한 '새로운 이익 구조를 파악하는 프레임워크란 어떤 것일까?'를 생각했습니다. 결론은 '고객 가치'와 '이익', 그리고 '프로세스'를 모두 곱한다는 것이었습니다.

위의 그림을 봐주세요. 원래 사업 계획이란, 금융기관으로부터 자금을 조달하거나 사내용으로 사업화에 대한 설명을 할 때, 설득 재료로써 유용하게 쓰이는 것입니다. 그 때문에 상품이나 서비스의 채산성이나 건전성 등을 나타내는 것이 최우선입니다.

이에 비해 나인 셀은 한마디로, 미래의 비즈니스 구조를 제안하기 위한 도구입니다. '고객에게 어떤 가치를 제안할 수 있는가'를 정의한 후, 그로부터 어떻게 이익을 낳는지를 다각적으로 검토해나갑니다. '고객 가치'에 대해서 '이익'과 '프로세스'를 자유롭게 곱해서 발상을 넓혀가기 때문에 새로운 돈을 버는 방법을 찾아내는 것이 쉬워집니다.

'새로운 돈을 버는 방법'의 가장 대표적인 사례 중 하나가 게임 업계입니다. 전용 기계를 사용해 노는 비디오게임에서 휴대

전화나 스마트폰으로 즐기는 온라인게임으로 주 전쟁터가 바뀌면서 사업 환경이 크게 변화하는 가운데, 게임을 제공하는 기업들은 이익 구조의 혁신을 꾀해야 했습니다. 이때, 기존처럼 기기나 소프트웨어를 판매해서 수익을 올리는 것을 포기하고, 소프트웨어를 무료로 배포함으로써 많은 유저를 획득하고 게임에 매료된 사람에게는 유료 아이템을 제공해서 시간을 들여 돈을 번다는, 이른바 루카스식 비즈니스 모델을 채용하게 되었습니다.

이러한 다이나믹한 이익 구조의 혁신은 종래의 '이익의 형태'로부터 벗어나 '고객 가치×이익×프로세스'라고 하는 자유로운 발상으로 비즈니스를 생각해야만 가능하다고 할 수 있을 것입니다.

모든 사업은 '고객 가치'를
위해서 존재한다

이 Chapter에서는 나인 셀의 제일 윗단의 '고객 가치'에 집중해서 실제로 있는 몇 개 기업의 비즈니스 모델을 검증해갈 것입니다.

'고객 가치'는 나인 셀의 3개의 요소 중에서도 특히 중요합니다. 이것에 대해 먼저 이야기한 후, 프록터 앤드 갬블(P&G), 아마존, 세븐 카페(세븐일레븐 재팬)에 대해 각각의 고객 가치를 해석해보겠습니다.

뛰어난 비즈니스는 '일관성'이 있다

　나인 셀에서는 '고객 가치'와 '이익'을 동시에 만들어내고, 그것들을 탁상공론에 그치지 않고 재빠르게 실행에 옮기기 위해 '프로세스'를 생각해보겠습니다. 고객 가치와 이익이 자동차의 양쪽 바퀴라고 한다면, 프로세스는 엔진입니다. 9개의 셀이 갖추어져야 비로소 비즈니스라는 이름의 자동차는 힘차게 출발할 수 있을 것입니다. 즉, '고객 가치', '이익', '프로세스'는 비즈니스를 구성하는 필수 요소입니다.

　여기서 다시 한번 나인 셀의 그림을 봐주세요(〈자료 2-1〉). 나인 셀의 9가지 질문에 모두 대답할 수 있다면, 그 비즈니스는 성립된다고 해도 좋을 것입니다. 단 9개의 대답에는 일관성이 있어야 합니다. 이것은 스토리성을 갖게 한다고 바꿔 말할 수 있습니다.

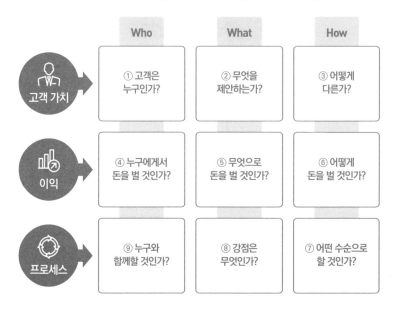

〈자료 2-1〉 9개의 셀이 모두 채워지면 비즈니스가 된다

TV 드라마 관련 사이트에는 인간관계를 나타내는 '인물관계도'가 있습니다. 여기에는 등장인물 중 누구와 누가 연결되어 있고, 어떤 관계에 있는지가 그려져 있습니다. 이 인물관계도와 마찬가지로, 나인 셀도 각각의 셀의 내용(질문에 대한 대답)이 어느 정도 연결되어 전체적으로 어떤 구조로 되어 있는지 한눈에 알 수 있어야 합니다. 하나하나의 답이 아무리 뛰어나더라도 전체적으로 연결되는 것이 보이지 않으면, 비즈니스로서 뛰어나다고 할 수 없습니다. 그렇기 때문에 일관성이 중요합니다.

먼저 확인해야 할 것은 가로축의 일관성입니다. 이것은 '고객 가치', '이익', '프로세스'의 각 단의 3개의 대답이 제대로 들어맞고, 이치에 맞는가 하는 점입니다.

고객 가치라면 ① Who(고객은 누구인가?)가 바뀌면 저절로 ② What(무엇을 제안하는가?)이나 ③ How(어떻게 다른가?)도 바뀌게 됩니다.

이익도 마찬가지입니다. ④ Who(누구에게서 돈을 벌 것인가?)가 바뀌면 ⑤ What(무엇으로 돈을 벌 것인가?)이 바뀌고 ⑥ How(어떻게 돈을 벌 것인가?)가 바뀌기도 합니다.

'프로세스' 역시 마찬가지입니다. ⑦ How(어떤 수순으로 할 것인가?)를 바꾼다면 거기서 활용해야 될 강점(⑧ What)도 바뀌고 필연적으로 맞이하게 될 상대(⑨ Who)도 달라질 수 있습니다. 이것이 바로 가로축의 일관성입니다.

'고객 가치'를 모르면 비즈니스의 존재 의의는 없다

나인 셀의 '고객 가치', '이익', '프로세스'의 3요소 중 어느 것 하나만 빠져도 비즈니스는 성립되지 않지만, 그중에서도 특히 중요한 것이 무엇이냐고 묻는다면 "고객 가치입니다"라고 즉답하겠습니다.

왜냐하면, 비즈니스의 목적은 고객 가치를 추구해서 세상을 보다 좋게 만드는 것이기 때문입니다. 이것을 생각하지 않으면,

기업은 존재 의의를 잃은 것이나 다름없기 때문에 이익만 중시하거나 새로운 것에 도전하지 않게 되어 비즈니스가 혼란에 빠지게 됩니다.

여기서 고객 가치의 중요성을 다시 한번 확인하도록 하겠습니다. 고객 가치란 요컨대, '고객을 얼마나 만족시킬까'를 생각하는 것입니다. 이것은 고객이 보기에는 '이득의 느낌'이지만, 단지 '싸면 좋다'는 의미는 아닙니다. 상품이나 서비스에 '이만큼의 가치를 느끼니까 지불해도 좋다'라고 생각하는 금액의 수준이 실제 가격을 능가할 때, 비로소 '이득이 있다＝살 가치가 있다'라고 판단된다는 이야기입니다. 이것이 고객 가치입니다. 가치는 어디까지나 고객이 결정합니다.

식으로 나타내면 다음과 같습니다.

고객의 지불 의욕 − 가격 = 이득 느낌(고객 가치)

고객의 지불 의욕이 가격을 웃도는 것이 중요하고, 그 차이가 이득의 느낌으로 인식된다는 것입니다. 그렇다면 상품이나 서비스를 제공하는 쪽의 기업은 고객 가치를 어떻게 높이면 좋을까요. 그 힌트는 '고객의 미해결을 어떻게 해결할 수 있을까'에 있습니다.

'고객의 미해결'을 철저히 생각하자

고객의 미해결이란, 이미 있는 상품이나 서비스에 대해서 '여기가 더 개선되었으면 편리해질 텐데…'와 같이 막연하게 느끼고 있는 것에 대해서 미리 앞서서 접근하는 것입니다. 재빨리 고객의 변화를 알아채는 것, 바꾸어 말하면 상품이나 서비스에서 '하다 남긴 것'을 찾아내 개선이나 개혁으로 연결시켜가는 것이 포인트입니다.

이때 구체적으로 생각해야 할 것이 나인 셀의 '고객 가치'의 단에 있는 ① Who, ② What, ③ How, 즉 "고객은 '누구'인가? 기업은 '무엇'을 제안하는가? 대체품과의 차이를 '어떻게' 표현하는가?"입니다(〈자료 2-2〉 참조). 이 3가지 질문 중 대답할 수 없는 것이 하나라도 있다면 비즈니스로 성립할 수 없습니다. 3가지 답이 갖추어져야 고객에게 "이 상품이나 서비스는 가치가 있다"라고 판단할 수 있는 토대가 마련되고, "미해결이 해결되었다"라고 말할 수 있습니다.

〈자료 2-2〉 **고객 가치의 3가지 요소**

Who	What	How
① 고객은 누구인가?	② 무엇을 제안하는가?	③ 어떻게 다른가?
P&G	**아마존**	**세븐 카페**
'정리해야 할 문제'	'부를 제거하면 이긴다'	'고객이 느끼는 압도적인 차이'

고객 가치 →

지금부터 소개할 P&G, 아마존, 세븐 카페의 사례는 고객 가치를 제안하는 데 필수인 3가지 요소가 모두 명확합니다. 그중 P&G는 ① Who(고객은 누구인가?), 아마존은 ② What(무엇을 제안하는가?), 세븐 카페는 ③ How(어떻게 다른가?)의 요소가 두드러졌습니다.

해결책은 '리노베이션'과 '이노베이션'

'고객 가치'의 총괄로서 전해두고 싶은 것은 '고객 가치는 회사의 규모가 커질수록 잃어버리기 쉽다'는 것입니다. 왜냐하면, 사업 규모가 커지면 시장의 상품과 서비스가 포화 상태가 되기 때문입니다. 그렇게 되면 규모의 경쟁에 빠져 '비용을 절감하면서 어떻게 이익을 뽑아낼까' 하는 생각에 사로잡혀, 정작 중요한 고객 가치를 적당히 넘어가는 기업들이 많습니다. 이는 작금의 샤프를 비롯한 가전업계의 부진과 도시바의 회계 부정 문제 등을 봐도 알 수 있습니다.

포화 상태를 타개하는 방법은 2가지가 있습니다.

하나는 리노베이션(renovation)입니다.

이것은 상품이나 서비스를 개선하는 것으로, 이른바 1을 10으로 만드는 방법입니다. 1에서 2로 하는 것은 다른 회사에서도 할 수 있지만, 1에서 10은 쉽게 할 수 없습니다, 그렇지만 이 범상치 않은 목적을 목표로 하지 않으면 효과적인 한 수를 두기가 어렵다고 할 수 있습니다. 파나소닉은 한때 회사명이 마쓰시타 전기산업이었던 시절, '마네시타(흉내낸) 전기'라고 야유를 받았습니다. 다른 회사가 만든 제품을 보다 사용하기 쉽게 개선해서 출시했기 때문입니다. 파나소닉은 창업 이래 쭉 '수도 철학'이 뿌리내리고 있어 수돗물처럼 전국 방방곡곡의 고객에게 양질의 저렴한 가전제품을 전해주고 싶다는 생각이 있었습니다. 그래서 마네시타라고 야유를 받아도 아랑곳하지 않고 1에서 10을 목표로 리노베이션에 집중했습니다.

또 다른 타개책은 이노베이션입니다.

리노베이션이 1에서 10을 지향하는 데 반해, 이것은 0에서 1입니다. 시장에 '없는' 것을 '있는' 것으로 만드는 것이기 때문에 자본과 노력이 듭니다. P&G는 그야말로 이노베이션을 일으켜 가구를 '씻는다'라고 하는 참신한 콘셉트의 상품 '파브리스(Fabris)'를 낳았습니다.

고객의 기호와 라이프 스타일은 점점 바뀝니다. 그 흐름을 포착해 고객 가치를 제안해서 혁신적인 상품과 서비스를 계속 제공하지 않으면 순식간에 도태되고 맙니다. 창업 초기에는 이 점을 명심해서 열심히 고객 가치를 추구했던 기업도 규모가 커지면 이러한 자세를 잃게 될 가능성이 큽니다. 대기업은 물론, 중소기업에 일하고 있는 분들이나 창업해서 지금부터 날갯짓을 하려고 하는 분들도 이를 염두에 두었으면 합니다.

철저하게
고객 눈높이에서!

P&G는 팸퍼스, 아리엘, 패브리즈, 질레트, SK-Ⅱ 등의 브랜드를 보유한 세계 최대의 일용 소비재 메이커입니다. 이 회사의 가장 큰 특징은 거대 기업임에도 불구하고, 벤처기업과 같이 철저히 고객 시선으로 상품이나 서비스 개발을 실시하고 있는 점입니다.

그것은 나인 셀의 고객 가치에도 나타나 있습니다. 〈자료 2-3〉을 봐주세요.

P&G의 고객 가치의 Who, What, How를 정리하면 '일상을 더 편리하고 쾌적하게 살고 싶은 사람을 향해서 철저하게 고객 시선으로 생활에 밀착한 상품이나 서비스를 개발·제공한다'라는 것입니다. 이를 관철하고 있기 때문에 타사와는 차별화되는 생명

〈자료 2-3〉 **P&G의 고객 가치 제안**

Who	What	How
① 고객은 누구인가? 매일의 생활을 편리하고 쾌적하게 하고 싶은 사람	② 무엇을 제안하는가? 고객의 눈높이에 근거한 편리하고 쾌적한 생활	③ 어떻게 다른가? 타사에는 없는 세세한 배려, 생활 밀착

고객 가치

력이 긴 상품이나 서비스를 차례차례 만들어나갔습니다.

이 회사에서는 '상품의 가치는 소비자가 결정한다', 즉 소비자는 보스라고 생각합니다. 이것은 '고객 시선'이 철저하다는 것을 의미하는데, 그 대표적인 예가 2002년부터 시작한 '일해보자(work in it)'나 '생활해보자(live in it)'라고 하는 마케팅의 대처입니다. '일해보자'는 이 회사의 직원이 소매점을 돕고, 그곳에 쇼핑하러 오는 손님이 무엇을 사는지, 사지 않는지를 관찰하는 것입니다. '생활해보자'는 자사의 제품을 실제로 사용하고 있는 고객의 가정에서 며칠 동안 머물면서 함께 식사를 하거나 쇼핑을 따라다니며, 그 사이에 제품의 편리함이나 일상생활에 어려운 점이 있는지 등을 조사하는 것입니다.

기술개발팀의 사원도 동행하기 때문에 조사에서 얻은 것은 곧바로 제품의 개발이나 개량에 활용할 수 있습니다. 이것은 직접 고객과 밀착해 상품·서비스의 문제점이나 개선점을 부각시키는, 이른바 '에스노 그래픽[7] 마케팅'이라고 하는 수법입니다.

과거 P&G는 새로운 세제나 섬유유연제를 개발하면서 멕시코의 저소득층 고객을 대상으로 '생활해보자'를 실시한 적이 있습니다. 그 결과, 많은 가정에서 세탁 시 많은 양의 물을 양동이로 운반해야 한다는 생활 사정이 밝혀졌습니다. 그리고 이때의 이러한 발견이 헹굼 횟수를 1회로 줄일 수 있는 유연제 '다우니 싱글 린스'의 대박으로 이어졌습니다.

그렇다면 이 '소비자는 보스'라는 P&G의 자세는 나인 셀에 어떻게 반영되었을까요? 주목할 부분은 '고객 가치'의 ① Who (고객은 누구?)의 셀입니다.

고객은 '상품'을 원하는 것이 아니다!

'고객은 누구인가?'를 생각할 때 먼저 염두에 두어야 할 것은 고객의 '끝내야 할 일(jobs to be done)'입니다.

끝내야 할 일이란, 고객이 곤란해하고 있거나 불편함을 느끼는 상황이 있고, 그러한 상황을 해소하기 위해 무엇이 필요한지 생각하는 것입니다.

---

7) 잘 훈련된 관찰 전문가가 '자연 그대로의 환경'에서 소비자를 관찰하고 상호작용하는 방식

이것은 이노베이션 연구로 유명한 하버드 대학의 클레이턴 크리스턴슨(Clayton M. Christensen) 교수가 제창한 생각입니다. 다음의 문장은 《성장과 혁신》이라는 그의 저서의 취지를 정리한 것으로, '끝내야 할 일'을 단적으로 나타내고 있다고 생각합니다.

상품이나 서비스를 사는 것은 많은 경우, 그 제품이 '갖고 싶어서'가 아닙니다. 이 점을 자주 오해하게 되지만, 이는 어떠한 '용건을 해결하고 싶기' 때문에 그 해결책으로써 제품을 쓰는 것뿐입니다.

'용건을 해결하고 싶다'라는 것이 어떤 것인지 감이 오지 않는 분들이 많을지도 모릅니다. 왜냐하면, 고객 가치나 고객 만족에 대해 생각할 때는 '반드시'라고 해도 좋을 정도로 '고객의 니즈를 찾아라'라는 말을 듣기 때문입니다. 하지만 진정으로 고객 가치를 추구하며 생각해야 할 것은 니즈가 아니라 끝내야 할 일입니다.

예를 들어, 당신이 '물을 마시고 싶다'라고 생각했다고 합시다. 그렇다면 이것은 '물'이라는 상품이 '갖고 싶다'라는 니즈라고 누구나 생각할 수 있겠죠. 그런데 여기서 잠깐 멈춰서 생각해보고 싶은 것이 '왜 물을 마시고 싶다고 생각했는가?'입니다.

물이 필요한 이유는 '갈증을 해소하고 싶어서'가 아닐까요. '갈증을 풀고 싶다', 바로 이것이 '끝내야 할 일'입니다. 고객은 갈증을 해소해야 하는 용건을 가지고 있는데, 그 해결 방법 중 하나가 '물을 사서 마시는' 것입니다. 그런데 갈증을 해소하고 싶으면 물 말고 스포츠 음료나 과일 쥬스를 마셔도 되고, 음료가 아닌 소프트아이스크림이나 목캔디가 더 적합할 수도 있습니다.

'물을 마시고 싶다'라는 것은 결과이고, 물을 마시고 싶은 요인인 '갈증을 해소하고 싶다'가 해결해야 할 일입니다. 이 '해결해야 할 일'을 철저히 생각하는 것이야말로 기존의 상품이나 서비스에 대해 깊게 파고들어 1에서 10으로 리노베이션하거나 0에서 1로 이노베이션하는 것으로 연결되는 것입니다.

'살 빼고 싶다'라는 니즈가 있는 경우 역시 해결해야 할 일은 여러 가지가 있습니다. 예를 들면 헬스클럽에 다니면서 살을 빼는 사람도 있고, 식사를 제한해서 빼는 사람도 있고, 보조 식품을 사용해서 살을 빼는 사람도 있을 것입니다. 또는 '살이 빠져 보이면 좋겠다'라고 생각하는 사람도 있을 수 있겠지요. 이 경우에는 날씬해 보이는 옷을 사거나 선탠을 하거나 하는 선택지도 있겠지요.

이처럼 '살 빼고 싶다'의 요인이 되는 '해결해야 할 일'을 찾으면, 여러 가지 대체 수단이 보이기에 그것이 자사의 상품이나 서비스를 발전시키기 위한 노력으로 연결되거나, 서로 경합하고 있다고 생각했던 회사 외에 새로운 라이벌이 시야에 들어오거나 하기 때문에 대책을 세우기 쉬워집니다. 이렇게 '해결해야 할 일'을 생각함으로써 막혀 있던 상황을 해결할 돌파구를 발견하게 되는 경우도 있습니다.

P&G의 섬유탈취제 '패브리즈'라는 상품이 그 좋은 예일 것입니다. '세탁기로 빈번하게 세탁할 수 없는 커튼이나 소파 등의 천 제품을 청결하게 유지하고 싶다'라는 고객의 '해결해야 할 일'에 착안해서 이를 지금까지 자사가 키워온 기술을 살려 상품에 적용해 '세탁한 것처럼 냄새와 균을 제거할 수 있는 스프레이'로서 판매한 것입니다.

이처럼 '해결해야 할 일'은 고객도 알아차리지 못한 잠재수요를 불러일으키는 힌트가 됩니다. 일을 찾아 그것을 해결하는 창의적이고 설레는 작업에 적극적으로 임함으로써 타사와는 다른, 새로운 해결책을 제시하는 것, 바꿔 말하면 고객 가치의 창조를 할 수 있습니다.

철저한 고객 시선으로 '프로세스'를 만든다

P&G의 나인 셀을 확인해보겠습니다(〈자료2-4〉).

이 회사의 나인 셀에서 눈여겨볼 것은 '고객 가치'와 그것을 지탱하는 '프로세스'입니다.

프로세스의 3가지 셀을 보면 알 수 있듯이 여기서도 철저히 고객 시선을 지킵니다. ⑨ Who(누구와 함께할 것인가?)는 자사의 제품을 실제로 사용해주는 고객이나 고객에게 제품을 팔아주는 소매점이며, 이는 '일해보자', '생활해보자'라는 취지와 딱 맞게 정리되어 있습니다. ⑦ How(어떤 수순으로 할 것인가?)도

〈자료 2-4〉 **'프로세스' 구축에도 고객 시선을 전면적으로 활용**

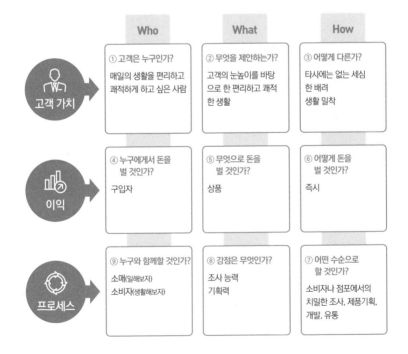

마찬가지로 고객이나 소매점의 스텝과 함께 여러 가지 조사를 하고, 신제품의 기획·개발·유통에 활용함으로써 '편리함, 쾌적함의 제공'을 실천하고 있습니다. 그리고 이러한 고객 시선의 활동을 오랜 세월에 걸쳐 계속해왔기 때문에 탁월한 조사 능력이나 상품 개발력이 길러져 그것이 P&G라고 하는 회사의 최대 '강점'(⑧ What)이 되는 것입니다.

　소비자라는 '보스'를 관찰함으로써 '고객 가치'를 추구하기 때문에 고객이 '맞아, 이런 것을 원했어!'라고 무심코 무릎을 치는 상품을 제공할 수 있습니다. 그것이 결과적으로 타사가 추종할 수 없을 정도의 경쟁력으로 이어지고 있는 것입니다.
　'대기업이니까 할 수 있다'라고 생각하기보다는, 먼저 '고객 가치'라는 관점에서 '어디까지 고객의 관점에서 설 수 있는가' 하는 점에서 P&G의 자세는 큰 참고 자료가 될 것입니다.

'부(不)를 제거하면 이긴다'로
시장을 확산

책을 인터넷으로 사게 될 경우, 대부분의 일본 사람은 아마존을 떠올릴 것입니다. 실제로 일본 사람들은 동네 서점에서 사는 것보다 아마존에서 살 때가 더 많다고 합니다.

그럼 왜 아마존을 이용하는 것일까요? 가격이 싼 것은 아닙니다. 일본에서는 재판매 가격 유지 제도가 있어 출판사가 소매 가격을 지정하는 것이 인정되고 있기 때문에 아마존 역시 다른 인터넷 서점의 가격과 다르지 않습니다.

그렇다면 뭐가 다를까요? 왜 많은 사람들이 아마존을 선택할까요? 아마존이 제안하고 있는 '고객 가치'를 통해 이 부분에 대해 생각해봅시다(〈자료 2-5〉 참조).

아마존은 창업 당시, 서적 판매를 중심으로 했지만, 현재는 서

Who	What	How
① 고객은 누구인가?	② 무엇을 제안하는가?	③ 어떻게 다른가?
스트레스 없이 쇼핑을 하고 싶은 사람	지구상에서 가장 많은 상품을 구비해두어 그 자리에서 제공	상품 구비, 간편함, 싼 가격, 속도

고객 가치

적이나 전자 서적뿐만 아니라 음악이나 영상 작품(CD나 DVD), 가전, 문구, 화장품, 식품 등 온갖 장르의 상품을 갖추고 있어 마치 백화점과 같습니다.

하지만 그렇다고 해서 어떤 상품도 '여기서밖에 살 수 없다'인 것은 아닙니다. 편의점이나 슈퍼마켓, 가전제품 대리점에 가면 손에 넣을 수 있습니다. 그렇다면 아마존은 어떤 '고객 가치'를 제안하고 있는 것일까요? Who, What, How를 정리하면, '실제 점포에 가기 귀찮은 사람들을 위해서 이런 서비스가 있다면 편리하겠다는 희망을 계속해서 실현해간다'라고 말할 수 있습니다.

인터넷으로 판매하고 있기 때문에 실제 점포까지 가는 것이 귀찮은 사람이나 지방에 살고 있어 근처에 매장이 없는 사람에게 상품을 판매하는 것이 기본 전략이지만, 이것만으로는 타사와 다르지 않기 때문에 '고객 가치'라고는 할 수 없습니다.

아마존의 진수는 실제 매장에서도 손에 넣을 수 있는 상품에 고객 지향의 여러 가지 서비스를 부가함으로써 결과적으로 어디에서도 흉내 낼 수 없는 유일무이한 점포를 만들어낸 것에 있습니다.

예를 들어, 아마존은 '지구상에서 가장 많은 상품 구비'를 기업 이념으로 내걸고 있습니다. 이는 나인 셀에서 '고객 가치'의 ② What(무엇을 제안하는가?)에 해당합니다. 이 셀은 고객에게 '어떤 해결책(솔루션)을 제안할 수 있을까'에 초점을 맞추고 있습니다. 이 What을 ① Who(고객은 누구인가?)와 세트로 생각해 '고객이 정리해야 할 일은 무엇이고, 그에 대해 어떤 해결책을 제안할 수 있는가?'에 대해 파고들다 보면 새로운 상품이나 서비스를 만들어낼 수 있는 힌트를 얻을 수 있을 것입니다.

고객의 '해결해야 할 용건'을 계속 찾아야 한다

아마존의 '고객 가치' 중 ② What이 가장 눈에 띄는 것은 바로, '고객의 미해결을 재빨리 눈치채고 이를 해결하는 서비스를 바로 실현'해줌으로써 편리성을 높이고 있기 때문입니다. 즉, 아마존은 '일상에서 해결되지 않은 것은 무엇인가?'를 계속 찾고 있습니다.

예를 들어, 아마존이 처음 문을 열 때, 서적에 관한 '미해결을 해결하는 서비스'는 다음과 같았습니다.

- · 압도적인 상품 구비
- · 빠르면 당일, 늦어도 다음 날 상품이 도착
- · 리뷰, 추천 기능

　얼마 전, 저는 동네 서점에 들러 점원에게 원하는 책을 찾아달라고 했는데, "재고가 없어서 주문해야 한다"라는 말을 들었습니다. 주문해서 받기까지 10일 가까이 걸린다고 하더군요. 최대한 빨리 읽고 싶은 책이라 아마존에 알아본 결과, 재고가 있었기에 주문을 했고, 그다음 날에 저에게 도착했습니다.

　이것은 아마존이 상품을 압도적으로 많이 갖추고 있는 동시에 당일 배송 체제를 갖추고 있기 때문에 실현될 수 있었습니다. '언제든 원하는 책을 찾을 수 있고 바로 배달해주는 서점이 있으면 좋겠다'라는 고객의 미해결을 해결한 것입니다.

　게다가 아마존은 이것만으로는 만족하지 않았습니다. '다음 날이 아니라 주문한 당일에 구하고 싶다'라는 고객의 미해결을 해결하려고 했던 것입니다. 아마도 인터넷 통신판매를 하는 많은 기업들이 당시에는 '당일 배송'이라는 발상이 없었을 것입니다. 고객들도 인터넷 쇼핑몰에서 쇼핑하면 상품을 손에 넣을 수 있는 것은 빨라야 다음 날 이후라는 생각이 있었을 것입니다.

그런데 아마존은 2009년부터 '당일 특급 배송'을 시작해서 (추가 요금을 내면) 주문한 상품을 바로 구매할 수 있는 매우 편리한 서비스를 실현했습니다. 이것이야말로 경쟁사들은 전혀 맞설 수 없는 압도적인 '고객 가치'입니다.

얼마 전에는 드론을 이용해 상품을 배송하는 서비스 '프라임 에어'를 시도해 화제가 되기도 했습니다. 또 이미 미국에서는 시범적으로 도입되고 있는 '대시 버튼'이라는 새로운 하드웨어도 발표했습니다. 이것은 정기적으로 보충이 필요할 것 같은 일용품을 간단하게 주문할 수 있는 버튼입니다. 예를 들어, 세탁기에 세탁용 세제의 대시 버튼을 붙여두었다가 세제가 다 떨어지면 버튼을 누르는 것만으로 미리 버튼에 등록된 집 주소로 상품을 배달해주는 것입니다. PC나 스마트폰을 사용할 필요가 없기에 인터넷 통신 판매의 상식을 뒤엎는 주문 방법이라 할 수 있습니다.

아마존이 프라임 에어나 대시 버튼과 같은 획기적인 기술에 재빨리 주목해 적극적으로 0에서 1의 시도를 하고 있는 것은 결코 특이한 일이 아닙니다. 모든 것은 '고객을 위한' 것입니다. 고객의 미해결을 해결할 방법을 날마다, 진심으로 계속 생각하고 있는 것입니다.

'부(不)를 제거하면 승리한다'를 실천하자!

고객 가치의 ② What(무엇을 제안하는가?)을 구체적으로 생각해 볼 때 도움이 되는 키워드로 제가 주장하고 있는 것이 '부를 제거하면 승리한다'입니다.

'부(不)의 제거 = 가치'입니다.

고객이 상품이나 서비스에 대해서 '불편하다, 불만이다, 불확실하다'라고 느끼는 '부(不)'를 찾고, 찾았다면 그 '부(不)'를 '어떻게 제거하면 좋을까'를 생각하는 것입니다. 이것이 고객에게 있어 편리하고 쾌적한 생활(=고객 가치)로 연결되고, 기업에는 비즈니스 기회로 직결됩니다.

비즈니스의 현 상황에 어려움을 느끼고 있는 기업은 우선 고객이 안고 있는 '불편(不)'을 철저히 밝혀내고 해결책이 없는지 검토하면 좋을 것 같습니다. '불편'을 해소하면 '가치'가 생겨납니다.

'부(不)'를 찾는 방법에는 3가지가 있습니다.

첫 번째는 '불편함'입니다. 이미 세상에 존재하고 있는 상품이나 서비스라도 더 좋은 제공 방법 등의 가치를 더함으로써 새로운 상품이나 서비스로 다시 태어나게 될 가능성이 충분히 있습니다. 아마존을 예로 들면, 서적을 구입할 때의 '불편함'을 어떻게 해소할 것인가를 생각해 유료 회원이라면 당일 배송해주는 등의 서비스를 도입함으로써 인터페이스가 현격히 향상되었습니다.

두 번째는 '불필요'입니다. 상품이나 서비스에 부적절한 것, 부적당한 것 등 '불필요'한 것이 없는지를 살펴보는 방법입니다. 예를 들어, '퇴근길에 가볍게 한 잔만 마시고 귀가하고 싶다'라고 생각하는 사람은 굳이 거창하게 술집에 들어가는 것보다 가볍게 마실 수 있는 가게로 들어가고 싶을 것입니다. 이 경우, 딱 한 잔만 마시고 싶은 사람에게 일반적인 술집은 오버스펙이 됩니다. 이처럼 스펙을 최소한으로 줄일수록 좋아하는 고객은 절대 적지 않습니다. 자사의 제품과 서비스 중에서 오버스펙이 되어 있는 것은 없는지, 고객 가치를 재검토하는 것도 중요합니다.

세 번째는 '불확실성'입니다. 고객은 '상품이나 서비스가 아마도 좋은 것일 것이다'라고는 생각하지만, 실제로 사용해서 확인해보기 전에는 안심할 수 없습니다. 이러한 '불확실성'에 대한 대표적인 해결책은 홈쇼핑에서 도입하고 있는 '반품 보증 제도'입니다. 요컨대 상품이나 서비스의 가치를 어떻게 보증하고, 고객에게 안심감을 줄지 생각할 필요가 있다는 것입니다.

책을 팔기 위해 가전이나 화장품은 눈길 끌기용으로 판매

마지막으로 아마존 비즈니스 구조를 나인 셀로 확인해보겠습니다. 아마존은 '고객을 위해서 무엇을 할 수 있을까'를 생각해 그것을 계속 실현한다는 것이 전부라고 할 수 있습니다. 고객의 '불편'이나 '불만' 등 부(不)를 해소하는 서비스를 차례차례로 실현하고 있는 것은 나인 셀의 '프로세스' 단을 보면 알 수 있습니다.

실제 서점과 같이 책을 직접 손에 쥐고 확인할 수 없다는 불안

〈자료 2-6〉 '고객 가치'를 높이기 위한 '프로세스'에도 주목

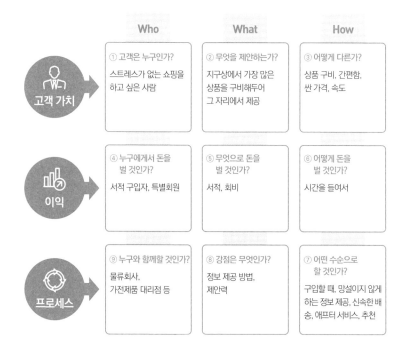

은 '내용 보기' 기능이나 이미 그 서적을 구입한 고객의 리뷰를 게재해 제삼자의 평가를 참고하도록 함으로써 인터넷 통신판매의 핸디캡을 최소한으로 줄여왔습니다. 이러한 궁리는 '프로세스'의 ⑦ How(어떤 수순으로 할 것인가?)를 개선함으로써 실천하고 있습니다. 프라임 에어, 대시 버튼 등의 최신 기술 도입 등 편리한 서비스를 일찌감치 활용하는 능력은 타사가 쉽게 따라 하기 힘든 '강점(⑧ What)'이라고 할 수 있습니다.

또한, 물류회사와 팀을 이루어 업계 최첨단의 재고 관리와 유통 시스템을 구축하는 한편, 라인업의 확충과 효율화를 도모하기 위해서 가전제품 대리점 등의 경쟁 기업과도 제휴하는 등 유연하게 '함께할 상대(⑨ Who)'를 활용하고 있는 점도 간과할 수 없습니다.

'이익' 단에도 아마존의 비즈니스 특징이 나타나 있습니다. 이 회사의 수익 핵심은 할인할 필요가 없는 책의 판매 대금이나 프리미엄 회원에게서 거두어들이는 연회비입니다. 매출액에서 차지하는 서적의 비율이 해마다 감소하고 있기는 하지만, 이익률이 가장 높은 것은 여전히 서적입니다. 그 때문에 가전이나 화장품 등은 최대한 싸게 제공해 '모객용'으로 활용하고 있습니다. 즉, 돈을 벌지 못하는 상품을 명확하게 함으로써 돈을 버는 상품인 서적을 뒷받침하는 구조입니다.

'가격'보다
'맛'으로 승부

한 잔에 100엔. 게다가 방금 갈아서 내린 본격적인 커피.

2013년, 세븐일레븐 재팬에서 판매를 시작해 대히트를 친 셀프식 드립 커피 '세븐 카페'. 아침 출근 시간에 세븐일레븐에 들르면, 직장인들이 계산대 옆의 커피기계 앞에서 줄을 서 있는 광경을 드물지 않게 보게 됩니다. 지금은 편의점에서 커피를 테이크아웃할 수 있는 것이 당연해졌지만, 그 선두주자는 세븐 카페였습니다.

그럼, 세븐 카페가 제안하는 '고객 가치'를 확인해봅시다(〈자료 2-7〉).

원래 세븐일레븐 재팬은 이 서비스로 다른 편의점과 겨룰 생각은 없었던 것 같습니다. 그 힌트는 '고객 가치'의 ③ How(어

〈자료 2-7〉 세븐 카페의 고객 가치 제안

Who	What	How
① 고객은 누구인가? 약간의 시간, 돈으로 재충전하고 싶은 사람	② 무엇을 제안하는가? 셀프 방식의 레귤러 커피	③ 어떻게 다른가? 카페와 비교해서 압도적으로 싼 가격(100엔)의 최적의 맛

떻게 다른가?)에 숨겨져 있습니다.

고객 가치 3가지를 정리하면, '빠른 시간 안에 재충전하고 싶은 사람에게 셀프 서비스 방식의 레귤러 커피를 제공한다. 한 잔에 100엔 정도로 저렴하지만, 제대로 된 맛'이 됩니다. '싼데 맛있다'는 점이 중요했고, 이를 통해 카페나 자판기 커피와 차별화를 둘 수 있었습니다. 즉, 세븐 카페 비즈니스에서는 '고객 가치'의 ③ How(어떻게 다른가?)가 압도적으로 강합니다.

'차이'를 명확히 내세움으로써 라이벌을 압도

'고객 가치'의 ③ How는 경쟁 제품 및 서비스와의 차이를 '어떻게' 표현하는가? 하는 것을 명시하기 위한 셀입니다.

세븐 카페의 경쟁 제품과 서비스는 '세븐 카페 이외의 커피'를 의미합니다. 예를 들어, 스타벅스 같은 카페에서 제공되는 본격적인 커피와 맥도날드 등의 패스트푸드점에서 제공되는 음료로서의 커피, 그리고 자동판매기의 캔 커피 등을 들 수 있습니다.

또는 메이지 유업의 '마운트레이니아(MT.RAINIER)'와 같이, 같은 세븐일레븐의 점포 안에서 판매되고 있는 제품도 훌륭한 경쟁 제품입니다. 이러한 경쟁 제품이나 경쟁 서비스와 차이를 얼마나 명확하게 내세울 수 있느냐로 자기들이 기획하고 있는 신제품이나 신서비스의 성패가 크게 좌우되는 것입니다.

세븐 카페는 '세븐 카페 이외의 커피'와 비교해 '승산이 있다'라고 판단했을 것입니다. 왜냐하면 규동(소고기덮밥)처럼 '싸다, 맛있다, 빠르다'로 다른 곳을 압도하기 때문입니다. 싸다는 점만 놓고 보면, 이미 패스트푸드점 등에서 한 잔에 100엔 정도에 커피를 제공하고 있었기 때문에 세븐 카페의 한 잔에 100엔이라는 가격은 그리 인상적이지 않습니다.

주목해야 할 것은 맛에 대한 고집입니다. '단지 '싼' 커피가 아닌, '싼데, 맛있는 커피'를 요구하고 있는 고객을 타깃으로 점포 내의 전용머신에 컵을 놓으면 45초 만에 갓 내린 향기 좋은 커피를 즐길 수 있는 서비스를 개발했습니다. 원두커피 주류인 아라비카종 중에서도 고품질의 원두를 4종류나 사용하고, 향과 감칠맛을 내기 위해 더블 로스팅을 실시하고 있습니다. 또한, 커피는 물에 따라 맛이 달라지기 때문에 전국 어디에서나 맛있는 커피를 마실 수 있도록 연수 필터를 설치했습니다.

이 정도로 '싸다, 잘한다, 빠르다'가 철저해지면 경쟁 타사는 좀처럼 따라올 수가 없습니다. 같은 세븐일레븐 매장 내에는 캔 커피가 즐비한데, 판매 가격이 120~150엔 정도이기 때문에 한 잔에 100엔짜리 세븐 카페는 가격만으로도 메리트가 있습니다. 게다가 갓 갈아내서 맛있다는 가치도 함께 가지고 있으므로 많은 고객이 세븐 카페에 매료된 것은 당연한 것이었습니다.

참고로 '맛있는 커피를 마실 수 있는 곳' 하면 스타벅스를 떠올리는 사람이 많을지도 모릅니다. 그렇다면 세븐 카페와 스타벅스와의 차이점은 무엇일까요? 스타벅스의 CEO 하워드 슐츠(Howard Schultz)는 "스타벅스 커피는 커피를 파는 것이 아니다. 직장도 아니고 가정도 아니다. '제3의 장소'를 팔고 있다"라고 이야기합니다. 즉, 스타벅스를 찾는 고객들은 맛있는 커피뿐만 아니라 아늑한 공간을 찾고 있다는 것입니다.

이 콘셉트는 방문하기만 하는 편의점과는 맞지 않습니다. 단, 일단 시점을 바꿔서 '테이크아웃 하는 손님'으로 따지면, 세븐 카페와 스타벅스는 경쟁관계가 될 수 있습니다. 자택이나 사무실에서 '맛있는 커피를 마시고 싶다'라고 생각했을 때, 맛있지만 한 잔에 300엔이 넘는 스타벅스의 커피와 맛있는데 한 잔에 100엔인 세븐 카페. 지금까지는 스타벅스에서 테이크아웃 해서 커피를 마신 고객이 '가끔은 세븐 카페로 갈까?'라고 생각해 한

번 맛본 후, 의외로 맛있다는 것을 깨닫고 어느샌가 단골이 된다고 하는 흐름은 충분히 생각할 수 있습니다. '가게에서 쉴 때는 스타벅스, 테이크아웃 할 때는 세븐 카페'라고 구분해서 이용하는 사람도 많아질 것입니다.

1만 8,000개 점포라는 스케일 이점을 전면적으로 활용

세븐 카페처럼 '싸다, 맛있다, 빠르다'라는 압도적인 고객 가치를 제안하기 위해서는 절대로 빠뜨릴 수 없는 조건이 있습니다. 바로 스케일 메리트입니다.

세븐일레븐은 전국 각지에 1만 8,000여 개의 점포를 가지고 있습니다. 이렇게 수많은 점포에 셀프 드립 커피기계를 일제히 설치해 동일한 서비스를 제공하기 때문에 비용과 마케팅 측면에서 강점이 됩니다.

〈자료 2-8〉의 나인 셀 하단의 '프로세스'에 주목해주세요.

세븐일레븐에는 '가깝고, 편리하다'라는 캐치프레이즈가 있습니다. 전국 각지의 어느 점포를 방문해도 같은 품질의 '싸고 맛있는 커피'를 마실 수 있는 것은 점포에도, 고객에게도 큰 강점(⑧ What)이 됩니다.

⑨ Who(누구와 함께할 것인가?)도 중요한 포인트입니다. 세븐일레븐은 철저한 맛으로 업계 최고 수준의 전문가들과 협업을

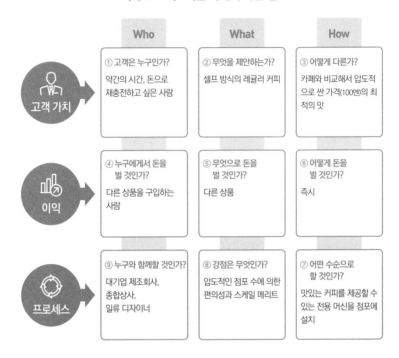

〈자료 2-8〉 세븐 카페의 나인 셀

	Who	What	How
고객 가치	① 고객은 누구인가? 약간의 시간, 돈으로 재충전하고 싶은 사람	② 무엇을 제안하는가? 셀프 방식의 레귤러 커피	③ 어떻게 다른가? 카페와 비교해서 압도적으로 싼 가격(100엔)의 최적의 맛
이익	④ 누구에게서 돈을 벌 것인가? 다른 상품을 구입하는 사람	⑤ 무엇으로 돈을 벌 것인가? 다른 상품	⑥ 어떻게 돈을 벌 것인가? 즉시
프로세스	⑨ 누구와 함께할 것인가? 대기업 제조회사, 종합상사, 일류 디자이너	⑧ 강점은 무엇인가? 압도적인 점포 수에 의한 편의성과 스케일 메리트	⑦ 어떤 수순으로 할 것인가? 맛있는 커피를 제공할 수 있는 전용 머신을 점포에 설치

이루며, 성공적인 세븐 카페를 이끌어냈습니다. 한 잔마다 커피 콩을 가는 셀프 머신은 후지전기에 특별 주문했습니다. 고품질 아라비카 콩은 미쓰이 물산이나 마루베니 상사에서 조달했고, 로스팅은 아지노모토 제너럴 푸드(AGF)에 맡겼습니다. 또, 서비스 전체의 이미지를 높이기 위해서 패키지 디자인은 유니클로 등 저명 브랜드의 아트 디렉터로 알려진 사토 카시와(佐藤可士和) 씨에게 의뢰했습니다. 이렇게 일류들과 손을 잡음으로써 전체적으로 세븐 카페의 브랜딩이 완성되어 엄선된 맛을 즐길

수 있는 커피가 탄생했습니다.

'이익' 측면도 간과할 수 없습니다. 나인 셀의 ⑤ What(무엇으로 돈을 벌 것인가?)에 '다른 상품'이라고 되어 있듯이 처음에는 세븐 카페에 모객 효과 정도만을 기대하고, 겸사겸사 사게 되는 커피 이외의 상품, 즉 샌드위치나 주먹밥으로 이익을 내는 비즈니스를 생각하고 있었던 것 같습니다.

그런데 막상 뚜껑을 열어보니 예상 이상으로 인기가 높아 판매 개시 약 1년 만에 4억 5,000잔을 돌파해서 45억 엔의 매출을 올렸습니다. 이로써 세븐 카페는 단품으로도 수지가 맞게 되었습니다.

이렇게 커피 매출의 호조는 다른 상품이나 서비스의 매출 증가로도 이어졌지만, 거기에 가세해 세븐 카페에는 지금까지 편의점을 별로 이용하지 않았던 고객을 새롭게 불러들이는 효과도 있었던 것 같습니다. 종래의 편의점 이용자의 중심은 30대의 남성 고객이었는데, 세븐 카페로 인해 여성 고객이나 50대 이상의 시니어 세대도 증가했을 뿐만 아니라 재방문율도 5할을 넘었다고 합니다. 일상에서 약간의 좋은 물건을 제공하는 것으로 '생활 혁명'을 일으킨 것, 그것이 바로 세븐 카페입니다.

막히면 '해야 할 용건'으로
되돌아가자

지금까지 나인 셀의 고객 가치에 대해 P&G, 아마존, 세븐카페의 3가지 사례를 들어서 이야기했습니다. 여러분도 자신의 비즈니스로 대체해서 고객 가치 'Who', 'What', 'How'를 생각해 보시기 바랍니다.

이때 주의해야 하는 것이 '동질화의 함정'입니다. 동질화란, 경쟁 제품이나 서비스와의 차이가 없어져버리는 것입니다. 고객 가치가 중요하다고 해서 고객이 '원하는 물건'만을 쫓아가면 결과적으로, 경쟁 타사와 비슷한 제품과 서비스만을 제공하게 됩니다. 이것은 니즈를 너무 생각한 나머지, 쉽게 빠지게 되는 함정이기도 합니다. '잘 팔리는 것을 보고 따라 하면 잘 팔리겠지', '비록 재탕이라도 고객의 바람에 답하고 있으니까 올바르다'라고 착각해서 손쉬운 카피 제품이나 서비스로 치닫는 사례는 적지 않습니다. 하지만 그렇게 해서는 고객에게 가치를 제안하는 것이라고 할 수 없습니다.

그렇기 때문에 나인 셀에서는 '니즈'가 아닌 '용건'에 주목하는 것입니다. 고객이 어떤 문제를 겪고 있는지, 어떤 용건이 있는지를 '고객 가치'의 출발점으로 삼아야 합니다. 고객 자신도 모르고 있을지도 모를 가치를 비즈니스 전체를 살펴봄으로써 찾아내고 깨닫게 해주는 것이 중요합니다. 용건이 있는 사람이 누구(① Who)인지를 알게 되면, 그 사람에게 무엇(② What)을 제안해야 하는지가 결정됩니다. 무엇(② What)은 제품이나 서비스인 경우가 많지만, 제조사라고 할지라도 단순히 물건을 만드는 것만으로는 고객의 용건이 완전히 정리되지 않는 경우가 대부분입니다. 그렇기 때문에 자신들의 비즈니스에서 어떤 부분이 고객의 용건을 해결하게 될지, 물건과 서비스의 양쪽 측면에서 생각해보시기 바랍니다.

누구(① Who)에게 무엇(② What)을 제안할지가 정해지면, 이번에는 'How(어떻게 다른가?)'를 생각해봅시다. 아무리 올바른 상대에게 올바른 제품, 서비스를 제공할 수 있었다고 해도 이미 시장에 존재하는 경쟁 제품, 경쟁 서비스와의 차이를 명확히 할 수 있어야 비즈니스로 진행해나갈 수 있기 때문입니다. 이렇게 나인 셀에서 고객 가치의 'Who', 'What', 'How'를 생각할 때는 그 관련성에도 유의해야 합니다. P&G나 아마존, 세븐 카페의 비즈니스가 성공을 거둔 것은 모두 'Who', 'What', 'How'의 3가지 요소가 훌륭하게 일관되어 있기 때문입니다.

마지막으로 힌트를 드리겠습니다. 굉장히 성공적인 것처럼 보이는 제품이나 서비스에도 해결되지 않은 채로 남아 있는 용건이 반드시 있습니다. 그것이야말로 새로운 이노베이션을 낳는 기회가 됩니다. 비즈니스가 어려워 벽에 부딪혔을 때, 새로운 한 수를 두고 싶을 때는 꼭 '해야 할 용건'으로 되돌아가 보세요.

엘리베이터 피치에서 '고객 가치'를 제안

엘리베이터 피치(Elevator Pitch)를 아시나요? 엘리베이터 피치란 본래 엘리베이터 안에서 무언가를 파는 것을 말합니다. 예를 들면, 창업가가 엘리베이터에서 투자가와 만났을 때, 행선지 층에 도착할 때까지의 얼마 안 되는 시간에 투자가의 흥미를 끌기 위해서 간략하게 프레젠테이션하는 행위를 가리킵니다. 스타트업이 북적거리는 실리콘 밸리가 시초라고 하는데, 지금은 직장인들이 회의에서 기획을 통과시키기 위해서도 빠뜨릴 수 없는 스킬이 되었습니다. 전하는 포인트를 명확하게 한 알기 쉬운 프레젠테이션은 바쁜 임원들이나 클라이언트에게도 대환영 요소이기 때문입니다. 엘리베이터 피치에 허용되는 소요 시간은 대략 30초입니다. 30초 만에 상대방이 알아주길 원한다면 자기가 전달하고 싶은 말의 요점이 명확하지 않으면 말이 안 됩니다. 그렇다면 구체적으로 어떤 것을 이야기하면 좋은 것일까요?

간단하게 말한다면 1. 고객은 누구인가(어떤 용건을 갖고 있는가)? 2. 자신들이 무슨 해결책을 제안하는가? 3. 이미 존재하는 제품·서비스와 어떻게 다른가? 요컨대 나인 셀의 '고객 가치'인 'Who', 'What', 'How'입니다.

애플을 창업한 스티브 잡스(Steve Jobs)는 엘리베이터 피치의 능숙한 사용자로도 유명했습니다. 일례로 아직 스마트폰이 새로웠던 시대(2008년)에 방영된 아이폰 3G의 CF 대사를 소개합니다.

"'이 노래가 뭐더라?' 하고 너무 궁금할 때가 있죠. 그럴 때는 앱 스토어에 있는 샤잠(Shazam)이라고 하는 애플리케이션이 편리합니다. 아이폰에 들려주면, 곧바로 누구의 곡인지 알 수 있고, 구해볼 수도 있답니다. 애플리케이션을 손에 넣을 때마다 매일의 약간의 딜레마를 해결할 수 있습니다. 그것이 바로, 아이폰이에요."

정말 매력적이고 이해하기 쉬운 프레젠테이션이지요. 이것이라면 아이폰을 전혀 몰랐던 사람이라도 '더 이야기를 듣고 싶다'라든지 '꼭 사용해보고 싶다'라고 생각할 것입니다.

이 문장을 다시 한번 잘 보세요. 처음에 '이 노래가 뭐더라?' 부분이 'Who', 그다음 '그럴 때는 앱 스토어에 있는'이 'How'고, 마지막 '그것이 바로 아이폰이에요'가 'What'을 멋지게 말하고 있다는 것을 알게 될 것입니다. 이렇게 짧은 문장인데도 자기가 이야기하고 싶은 것을 다 전달할 수 있다니, 역시 잡스네요. 그리고 이것은 비즈니스를 이야기할 때 '고객 가치'인 Who, What, How가 얼마나 중요한지를 말해주고 있습니다.

과금 포인트를 궁리해서
'돈을 버는 구조'를 만든다

이 Chapter에서는 '이익'에 대해서 이야기하려고 합니다. 원래 비즈니스의 대부분은 '물건과 돈의 직접 교환', 또는 '서비스와 돈의 직접 교환'에 의해서 성립되었지만, 최근에는 '○○와 돈의 직접 교환'으로는 설명할 수 없는 비즈니스를 전개하는 기업이 눈에 띄게 되었습니다. 그 대부분은 스타트업이나 벤처기업으로부터 시작해 '고객 가치'를 실현시키면서 '이익'을 제대로 얻는 방법을 모색해 성공하고 있습니다.

그렇다면 '○○과 돈의 직접 교환'이 아닌 방법으로 이익을 확보하기 위해서는 구체적으로 무엇을 해야 할까요? 그 힌트는 나인 셀의 '이익' 단에 있습니다. 이 장에서는 비즈니스에서의 '이익'에 대해 이야기하면서 동시에 컬처 컨비니언스 클럽(CCC), 코스트코 홀세일, '수험 서플리(리크루트 마케팅 파트너스)'의 사례를 통해 '돈을 버는 구조'의 만드는 방법을 검토합니다.

'이익'은 누가
지불하고 있는가?

앞 Chapter에서 전한 '고객 가치'와 이 장에서 전하는 '이익'은 비즈니스의 양 바퀴이기 때문에 어느 쪽이 빠져도 성립되지 않습니다. 비즈니스는 고객 만족을 실현시키면서 존속해나가기 위한 이익을 어떻게 얻을 것인가를 생각하는 것이 기본입니다. 이익은 사전을 찾을 것도 없이 '벌이'와 같은 의미입니다. 기업은 고객에게 어떠한 물건이나 서비스를 제공하고 그 보답으로 대가를 받습니다. 거기에서 원가나 다양한 비용을 공제한 것이 기업의 몫인 '이익(이득)'이 됩니다.

비즈니스는 이익이 없으면 파산합니다. 이 사실은 누구나 다 알고 있는데 파산하는 기업은 끊이지 않고 있습니다. 오랜 기간, 기업 도산 이유의 70%가 '판매 부진(중소기업청 통계 데이터)'이라고 합니다. 그만큼 기업을 존속시키기 위해 계속 돈을 버는 것은 힘들다는 것입니다. 그래서 여기에서는 먼저 '이익'의 사고방법부터 말하고자 합니다. 이익은 돈을 지불해주는 누군가가 있을 때 생겨납니다. 우리는 날마다 슈퍼마켓이나 편의점에서 무엇인가를 사거나 카페나 레스토랑에서 무엇인가를 마시거나 먹고서 그 대금을 지불하고 있습니다. 이것은 '그 자리에서 지불하고 있는' 것이 됩니다. 현금으로 지불하든, 카드로 지불하든 물건이나 서비스를 소비한 시점에서 대금을 지불하고 있는 것은 다르지 않습니다. 물건이나 서비스와 돈의 직접 교환이라고 해도 될 것 같습니다. 이것이 가장 정석이자 알기 쉬운 돈의 지불 방법입니다.

그렇다면 이것 말고 다른 방법은 있을까요? 예를 들면 스마트폰 게임은 어떨까요? 무료 앱 게임을 깔면 돈 없이도 바로 게임을 즐길 수 있습니다. 그대로 무료로 즐겨도 좋지만, 좀 더 유리하게 게임을 진행시키고 싶다거나 자신만의 환경을 만들고 싶을 때는 유료 아이템을 구입하는 구조로 되어 있습니다. 이 아이템을 손에 넣을 때가 고객이 돈을 지불할 때입니다. 게임 자체를 손에 넣는 시점과 과금의 타이밍이 어긋나 있기 때문에 슈퍼에서 물건을 사는 것처럼 '그 자리에서 지불하는' 것이 아니라 '나중에 지불하는' 것이 됩니다.

다른 방법도 있습니다. 누구나 매일같이 사용하는 검색 사이트는 어떨까요? 굉장히 편리한 서비스인데도 불구하고 몇 년을 사용해도 이용자는 돈을 1엔조차 지불하는 일이 없습니다. 왜냐하면 검색 사이트의 대가를 지불하는 쪽은 개인 이용자가 아니라 광고주 등 기업이기 때문입니다. 이렇게 '누군가가 지불하고 있기' 때문에 검색 사이트라는 비즈니스가 성립되고 있는 것입니다.

그런데 이것을 기업의 '이득'이라고 하는 시점으로 바꾸어 생각해보겠습니다. 기업은 어떤 사람으로부터 돈을 벌고 있는 것일까요. 앞에서 이야기한 슈퍼나 편의점 등에서 '그 자리에서 지불하고 있는' 것은 고객으로부터 물건이나 서비스의 대금을 직접 받고 있는 상태입니다. 즉, 방문하는 고객 한 사람, 한 사람이 기업에는 이익이 되는 사람, 바꿔 말하면 모든 고객으로부터 돈을 벌려고 하고 있는 것입니다.

반면 스마트폰의 게임과 같은 비즈니스는 모든 고객이 아닌, '나중에 돈을 지불하는 특정 고객'으로 좁혀서 돈을 벌려고 합니다. 즉, 벌게 해주는 사람(요금을 내는 사람)과 벌지 못하게 하는 사람(공짜로 게임을 계속하는 사람)으로 구별하고, 돈을 벌게 해주는 사람으로부터 시간을 들여 돈을 벌고 있는 것입니다.

검색 사이트처럼 '누군가 지불하고 있는' 비즈니스도 이와 비숫하지만, 고객을 돈을 벌게 해주는 사람과 돈을 벌지 못하게 하는 사람으로 구분하고 있다는 점이 다릅니다. 즉, B to C 고객(게임 최종 사용자)으로부터는 돈을 벌려고 하지 않고, B to B 고객(광고주 등의 기업)으로부터 돈을 버는 구조입니다.

이러한 기업의 '수익' 패턴은 그 밖에도 많고, 분류 방법도 여러 가지입니다. 나인 셀에서는 이익을 3가지로 나누고 있습니다. 〈자료 3-1〉을 보면 나인 셀의 '이익' 단에 나와 있는 ④ Who, ⑤ What, ⑥ How에 대해서 알아보도록 하겠습니다. 이후 사례에서 소개하는 컬처 컨비니언스 클럽(CCC), 코스트코 홀세일, 수험 서플리는 '이익 설계'를 생각하는 데 큰 참고가 됩니다.

Who = 누구에게서 돈을 버는가?

④ Who는 비즈니스를 통해 이익을 내려고 할 때, 가장 먼저 생각해야 하는 질문입니다.

"누구에게서 돈을 버는가?"

〈자료 3-1〉 '이익'의 3가지 요소

Who	What	How
④ 누구에게서 돈을 벌 것인가? **CCC** '유저로부터 돈을 벌지 않는다.'	⑤ 무엇으로 돈을 벌 것인가? **코스트코** '주요 제품으로 돈을 벌지 않는다.'	⑥ 어떻게 돈을 벌 것인가? **수험 서플리** '지속을 전제로 한 만남'

이익

이런 질문을 하면 당연히 '고객으로부터'라는 대답이 돌아올 것입니다. 고객이 없으면 장사는 성립되지 않기 때문에 올바른 대답이기는 하지만, 여기서 생각하고 싶은 것은 '어느 고객으로부터 돈을 버는가?'입니다. 업종이나 업태에 따라 '모든 고객'으로부터 버는 경우가 있는가 하면, '특정의 고객'으로부터 버는 편이 좋은 경우도 있습니다. 슈퍼나 편의점이라면 점포를 방문하는 '모든 고객'이 돈을 버는 대상이 됩니다. 한편, 스마트폰 게임에서는 '모든 고객'이 버는 대상의 후보는 되지만, 실제로 돈을 지불받는 것은 고객 중에서 '유료 아이템을 구입한 사람', 즉 '특정 고객'이 됩니다. 또, 광고주 등 고객 이외의 제삼자로부터 돈을 버는 경우도 있습니다.

What = 무엇으로 돈을 버는가?

⑤ What은 이익을 획득하는 물건이나 서비스는 무엇인가를 생각하는 것입니다. ④ Who로 설정한 고객에 대해 '어떤 물건이나 서비스를 제공해서 그것을 이익으로 바꿔나갈 것인가'를 결정해가는 것입니다.

'무엇으로 돈을 벌까?'의 기본 전제는 '전체 상품'에서 돈을 버는 것과 '돈을 버는 상품과 못 버는 상품'으로 나누는 2가지입니다. '전체 상품'으로 번다는 것은 누구나 알겠지만, '버는 상품과 못 버는 상품'으로 나눈다는 것은 무슨 뜻일까요? 예를 들어, 세상에 새로운 가치를 전달할 필요성이 있다고 생각했을 경우,

A라는 신제품을 대대적으로 홍보해서 싸게 팔아 자사의 브랜드 가치를 높이고, 한편으로는 기존에 존재해왔던 B라는 스테디셀러 제품을 높은 가격으로 판매해 이것으로 이익의 폭을 넓혀 돈을 번다는 전략입니다.

How = 어떻게 벌이를 실현시킬 것인가?

'누구로부터', '무엇으로' 돈을 벌 것인지를 결정했다면, 그것을 '어떻게' 실현시킬까를 생각해야 합니다. 이것이 ⑥ How입니다. 선택지는 '즉시(돈을 벌다)'와 '시간을 들여서(돈을 벌다)'의 2가지입니다.

'즉시(돈을 벌다)'란 고객이 물건이나 서비스를 사고 싶거나 사용하고 싶을 때 그 자리에서 지불 행위가 완료되는 것을 말합니다. 편의점에서 커피를 사면 그 자리에서 지불하지요. 이것이 '즉시(돈을 벌다)'입니다.

이에 비해 '시간을 들여서(돈을 벌다)'는 '즉시' 이외의 돈을 버는 방법을 가리킵니다. 예를 들면, 월 회비나 연회비 등으로 '계속적'으로 돈을 버는, 즉 스마트폰 게임처럼 처음에는 무료였다가 필요하게 되었을 때 고객의 의지로 돈을 지불하는 것 같은, '나중에' 돈을 버는 방법 등을 들 수 있습니다. '누구로부터', '무엇으로'에 '어떻게'라고 하는 시간 축을 더해 생각하는 것으로 돈을 버는 공간에 깊이가 생겨 다양성이 있는 아이디어가 창출됩니다.

일본 중소기업은
왜 돈을 못 버는가?

일본에서는 벤처를 포함한 중소기업이 전체의 99.7%로, 대부분이 중소기업입니다. 나머지 1%에도 못 미치는 대기업이 자본력을 통해 가장 수익으로 직결하는 단품을 매진시키는 방법으로 한층 더 스케일 크게 브랜드력을 강화해나갔습니다.

이런 시장 속에서 중소기업들이 대기업과 동등한 입장에서 승부하려는 것은 무모합니다. 그럼에도 불구하고 대부분의 중소기업이 단품 판매만으로 비즈니스를 구축하는 실정입니다. 물론 시장을 선도하는 대기업들 중에도 스타트업에서 급성장해 지금의 위상을 쌓은 기업들이 적지 않습니다.

유니클로를 운영하는 패스트 리테일링만 해도 창업 후 한동안은 중소기업이었지만, 어느새 중국에 공장을 지어 대량생산 체제를 갖춤으로써 제품당 비용을 절감하는 데 성공했으며, 또한 막대한 광고비를 쏟아부어 브랜드 가치를 강화했습니다. 하지만 그런 전략으로 성공할 수 있었던 것은 그 당시는 지금처럼 경쟁이 치열하지 않았기 때문에 가능했을지도 모릅니다. 인터넷이 사회 구석구석에 널리 퍼져 국내외, 업계 안팎의 대기업과 경쟁하는 현재의 시장에서 단품 판매만으로 밀고 나갈 수 있을지 의문입니다.

일본의 중소기업 중에는 물건을 만드는 기술로는 어디에도 지지 않을 정도로 뛰어난 곳도 있습니다. 하지만 경영 기반이나 자금 조달력이 약하기 때문에 한꺼번에 스케일을 확대해서 비용 절감을 꾀할 수도 없고, 타사와의 경쟁상 이익을 낳는 적정가격으로 판매하고 싶어도 엄두가 나지 않는 상황입니다. 상품 1개당 비용은 비싼데, 저렴한 경쟁 제품에 대항하기 위해서 판매 가격을 싸게 설정해야 하는 문제가 따라다닙니다. 결국, 차근차근 길러 온 독자적인 기술이 대기업이나 외국 기업의 '하청'이라는 형태로 이용되어버리는 일조차 생깁니다.

그렇다면 어떻게 해야 할까요? 그 힌트가 되는 것이 계속해서 사달라고 하거나 과금 포인트를 옮겨가는 방법입니다. 그 예는 〈자료 3-2〉와 같습니다.

〈자료 3-2〉 성공하는 비즈니스의 이익 창출법

기업·사업	특징	이익 창출법
수험 서플리	지속을 전제로 해서 학원에 비해 저렴한 월정액 요금을 지불받는다. 정원이 정해져 있지 않아 스케일을 키울 수 있다.	월정액 회비
LINE	무료 통화, 메시징 어플을 제공	게임, 이모티콘
네스카페 바리스타	인스턴트 커피의 가치를 높이기 위해 이익률이 낮은 머신을 싸게 판매	인스턴트 커피의 확산
코스트코 홀세일	회원제 할인 스토어 – 원가율이 90% 정도가 될 정도의 낮은 가격으로 판매	연회비
소셜게임	기본 게임 무료 제공	아이템
구글	검색 사이트나 어플 무료 개방	광고 수입
컬처 컨비니언스 클럽(CCC)	츠타야 운영 T포인트 가맹점 확대	빅데이터 마케팅

이것은 성공한 기업의 상품이나 서비스의 특징을 든 것이지만, 모두 단품 판매가 아닌 로직에 근거해 비즈니스를 전개하고 있습니다. 공통된 것은 모두, 일회성 교류가 아닌 시간을 들여 이익을 얻으려고 하는 데 있습니다. 즉, 고객과의 장기적 관계 구축은 중소기업이 비약하기 위한 핵심 사항이 될 수 있다는 것을 알 수 있습니다.

지금부터는 중소기업이 참고해야 할 혁신적인 이익 로직을 실천한 CCC, 코스트코, 수험 서플리에 대해서 이야기하겠습니다.

이 기업들은 현재는 모두 대기업이지만, 과거 중소기업, 벤처기업으로 시작했을 무렵은 당연하게도 '그 외 기업' 정도의 취급을 받는 회사에 지나지 않았습니다. 대체 어떻게 이익을 취하는 방법으로 중소기업에서 벗어날 수 있었는지 바로 알아보겠습니다.

렌탈 사업에서 빅데이터로
'수익'의 중심을 고정

츠타야(TSUTAYA)에서 DVD를 빌리거나 회원증인 T카드를 통해 제휴 점포도 함께 이용하면서 T포인트를 쌓고 있는 사람이 꽤 많을 것입니다. 츠타야는 일본 전국 각지에 약 1,400개의 점포를 갖고 있으며, 음악·영상 소프트의 렌탈 사업에서는 일본 내 최대 규모를 자랑합니다. 서적 판매, 도서관 운영 등을 포함한 폭넓은 정보 유통 사업을 전개하고 있습니다. T카드 보유자는 이미 5,500만 명을 돌파했습니다(2015년 9월 말 시점).

이 츠타야 체인을 운영하는 기업이 1985년에 창업한 컬처 컨비니언스 클럽(CCC)입니다. '컬처·인프라' 창출을 기본이념으로 내걸고, 그 거점이 되는 츠타야를 프랜차이즈화해 사업을 계속 확대해왔습니다. CCC는 설립 후 한동안 음악 CD나 영화 비디오 테이프 등을 빌리러 온 고객에게 대여 요금을 받음으로써 수익의 대부분을 얻고 있었습니다. 요컨대 대부분의 기업이 활용하는 아주 평범한 수익 구조로 사업을 운영했던 것입니다. 얼마 뒤 회원 수가 증가해 시장 점유율이 늘자 그 스케일의 메리트를 살려 대여 상품의 구입 가격을 내리는 등 수익 확대를 도모하기도 했지만, 기본적인 이익 구조는 같았습니다.

그러다 변화의 조짐이 보인 것은 2003년, T포인트를 도입했을 무렵입니다. T포인트 카드를 이용하는 고객의 구매 행동을 모아 빅데이터를 해석하고, 그것으로부터 패턴을 읽어내어 마케팅 활동을 실시하게 된 것입니다. 데이터 안에는 고객의 '성별', '연령', '주소' 등의 개인정보뿐만 아니라, '언제', '어느 가게에서', '무엇을 샀다'라는 구매 이력이나 '기호', '취미' 등에 관한 조사 결과까지, 약 300종류의 정보가 담겨 있습니다.

이 CCC의 새로운 수익 수단을 나인 셀의 '이익' 단에 적용한 것이 〈자료 3-3〉입니다. ④ Who(누구에게서 돈을 벌 것인가?)는 '기획 입안이나 고객 유치를 고민하는 기업', 즉 점포의 모객에 고민하거나 신사업을 시작하려는 기업입니다.

CCC는 CD나 DVD를 빌리는 고객으로부터 이익을 얻는다는, B to C로부터 시선을 옮겨 B to B에서도 돈을 버는 방침을 내세

〈자료 3-3〉 **CCC의 이익 설계**

	Who	**What**	**How**
이익	④ 누구에게서 돈을 벌 것인가? 기획 입안이나 고객 유치를 고민하는 기업	⑤ 무엇으로 돈을 벌 것인가? 데이터베이스와 기획	⑥ 어떻게 돈을 벌 것인가? 시간을 들여서

였습니다. 이 회사의 방대한 빅데이터를 기초로 여러 가지 마케팅 기획을 입안해서(⑤ What=무엇으로 돈을 버는가?) 그것을 기업용으로 판매함으로써 이익을 내기로 한 것입니다. 즉, 눈앞의 수익보다도 여러 기업과 협업하면서 시간을 들여 벌 수 있도록(⑥ How=어떻게 돈을 버는가?) 방침을 전환했습니다.

빅데이터를 사용한 기획의 일례로서 훼미리마트와 팀을 이루어 50대 이상의 성인 세대를 타깃으로 개발한 프라이빗 브랜드(private brand) 과자가 있습니다. 이는 T포인트의 아이디가 있는 POS 데이터를 활용해 50대 이상 고객의 과자 구매 데이터를 분석함으로써 완성된 제품입니다. 같은 방식으로 스카이락과 협업해서 가스토의 신메뉴를 기획하거나 마루에스와 협업해 프라이비트 브랜드 상품을 개발하는 등 여러 기업에 빅데이터를 활용한 신기획을 제안하고 있습니다.

그 밖의 활동으로는 도서관 운영 사업을 들 수 있습니다. CCC
는 2013년 4월에 오픈한 '타케오시 도서관'의 지정 관리자가 되
어 도서관을 운영하고 있습니다. 지금까지의 도서관의 개념을
뒤엎고 도서관, 서점, 카페를 하나로 합쳐 운영함으로써 커피를
마시면서 관내의 책을 자유롭게 읽고 공부와 일도 할 수 있는 새
로운 라이프 스타일을 제안했습니다. 이것도 빅데이터를 최대
한 활용해서 기획에 반영해 실현시킨 사례입니다.

새로운 비즈니스 기획 입안 기능만 생각한다면 세상에는 수
많은 컨설팅 회사나 마케팅 회사가 존재하기 때문에 CCC의 대
처가 그다지 특이하다고 할 수 없을지도 모릅니다. 하지만 CCC
가 제안하는 기획은 렌탈 사업 등을 통해 오랜 세월 축적된 빅
데이터를 기반으로 수집된 것입니다. 이에 비해 컨설팅 회사나
마케팅 회사는 비록 기획 입안 능력이 뛰어나다고 해도 기획을
세우기 전 단계에서 뒷받침되는 정보를 일일이 수집할 필요가
있기 때문에 여기에 상당한 시간과 비용이 소요됩니다. 이 차이
로 CCC는 처음부터 우위를 점할 수 있는 것입니다.

단품 판매에서 벗어난 것은 재무제표에서도 읽을 수 있다
렌탈을 중심으로 한 'B to C'에서 빅데이터를 활용한 'B to B'
로의 CCC 전략 전환은 데이터에도 나타나 있습니다.
〈자료 3-4〉는 매출의 구성비를 확인할 수 있는 2011년 3월 재

〈자료 3-4〉 CCC 수익의 구성비

〈자료 3-4〉 **CCC 수익의 구성비**

	츠타야 직영사업	츠타야 FC 사업	컨설팅	CCC 연결
매출액 (구성비)	48,017 (28.2%)	88,339 (52%)	10,935 (6.4%)	169,994
영업 이익	-981	15,220	3,617	14,277
영업 이익률	-2.0%	17.2%	33.1%	8.4%

※ 컬처 컨비니언스 클럽 2011년 3월 재무제표를 바탕으로 작성(금액 단위는 100만 엔)

무제표에서 각각의 사업의 매출액, 영업 이익, 영업 이익률을 추출한 것입니다. 제일 왼쪽의 츠타야의 '직영사업'이란 시부야 교차점의 상징이 되고 있는 시부야 츠타야나 롯폰기힐스에 있는 시부야 도쿄 롯본기 등을 가리킵니다(2011년 이후에 개업한 다이칸야마의 츠타야 서점이나 츠타야 가전은 이 데이터에 포함되어 있지 않습니다). 'FC 사업'이란 직영점 이외의 렌탈 매장인 츠타야를 말합니다. 이러한 각 매장으로부터 받는 프랜차이즈 수수료가 CCC 이익의 근원이었습니다.

FC 사업 오른쪽에 있는 '컨설팅(정식 명칭은 얼라이언스 컨설팅) 사업'은 이른바 빅데이터를 활용한 B to B의 기획제안 사업에 해당합니다. 3개의 사업을 비교하면 얼라이언스 컨설팅 사업의 영업 이익율은 33.1%로 굉장히 우수합니다. 매출 구성비로는 전체의 6.4%를 차지하지만, 이미 전체의 25% 이상의 영업 이익을 낳고 있습니다. 이는 프랜차이즈 사업에서 빅데이터 사업으로 그룹 전체의 이익 구조 중심이 옮겨가고 있음을 보여줍니다.

CCC는 2011년 7월에 주식 상장을 폐지했기에 이후의 데이터는 유감스럽게도 확인할 수 없지만, 얼라이언스 컨설팅 사업이 한층 더 확대되어 큰 수익을 창출하고 있을 것으로 생각됩니다.

빅데이터 활용으로 변화된 CCC의 '고객 가치'

지금까지는 CCC의 '이익'에 대해 살펴보았는데, 여기에서는 '고객 가치'와 '프로세스'를 더해 나인 셀 전체에서 츠타야의 비즈니스를 검증해보려고 합니다.

〈자료 3-5〉의 '고객 가치' 단에 주목해주십시오. 여기서 Who, What, How는 모두 츠타야에 초점을 맞추고 있습니다. 기존의 츠타야는 방문하는 고객에게 엔터테인먼트를 제공하는 렌탈 사업 위주였으나 점차 새로운 업태로 바뀌었습니다.

그 대표적인 예가 직영 서점 사업입니다. 시부야 츠타야나 츠타야 도쿄 롯본기, 또는 2011년에 다이칸야마에 오픈한 츠타야 서점, 2015년 5월에 후타고다마가와에 오픈한 가전도 취급하는 서점 '츠타야 가전' 등입니다.

이 매장들은 엔터테인먼트를 좋아하고 자극이 있는 생활을

〈자료 3-5〉 CCC 비즈니스 전체를 나인 셀로 확인

	Who	What	How
고객 가치	① 고객은 누구인가? 자극이 있는 생활을 보내고 싶은 사람	② 무엇을 제안하는가? 실제 점포와 인터넷으로 새로운 라이프 스타일을 제안	③ 어떻게 다른가? 손쉽게 렌탈 제안 방식의 실제 점포
이익	④ 누구에게서 돈을 벌 것인가? 기획 입안이나 고객 유도에 고민하는 기업	⑤ 무엇으로 돈을 벌 것인가? 데이터 베이스와 기획	⑥ 어떻게 돈을 벌 것인가? 시간을 들여서
프로세스	⑨ 누구와 함께할 것인가? 프랜차이즈 점포, T포인트 가맹점	⑧ 강점은 무엇인가? 데이터 수집과 데이터 분석에 근거한 기획 능력	⑦ 어떤 수순으로 할 것인가? 정보의 수집과 분석, 기획 입안

보내고 싶은 사람(① who)에 대해 새로운 라이프 스타일(②
What)을 제안하고 있습니다. 지금까지의 츠타야의 프랜차이즈
체인과 가장 크게 다른 것은 '책이 있는 생활을 제안하기 위해'
만들어졌고, 지금까지 축적해온 빅데이터에 근거해 설계되었다
는 점입니다. 빅데이터는 다른 기업과 함께하는 기획 만들기에
활용되고 있을 뿐만 아니라, 자사의 비즈니스에도 활용하고 있
습니다.

그런데 여기서 의문이 드는 게 출판 불황으로 쇠퇴산업이라는 서점을 일부러 도심의 고가 토지에 새로 열고 있다는 것입니다. 앞서 본 사업별 재무제표에서 알 수 있듯이 츠타야의 직영점은 적자입니다. 게다가 가장 새롭게 오픈한 직영점 '츠타야 가전' 역시 책과 동일하게 사양 산업이라고 일컫는 가전제품을 취급하고 있습니다.

적자를 낼 각오로 점포를 운영하는 의미는 "기획이란 고객 가치를 높이는 것이기에 기획 회사란 고객 가치를 확대하는 데 있다. 이것은 절대로 잊어서는 안 된다"라는 마스다 무네아키(Masuda Muneaki) 사장의 한마디에 집약되어 있습니다.

'책을 산다'라는 행위로 끝난다면 굳이 실제 매장에 나가지 않아도 여러 가지 구색을 갖추고 압도적인 규모를 자랑하는 아마존에서 구입하면 됩니다. 가전 역시 마찬가지입니다. 인터넷에서 검색하면 원하는 물건을 최저가로 쉽게 살 수 있습니다.

반면 무엇을 선택해야 할지 모르는 불편함이 있고, 동시에 이미 물건이 넘쳐 더 이상 필요성을 느끼지 못하는 고객이 많은 상황에서 CCC는 실제 점포와 서적이라는 인터페이스를 통해 고객에게 직접적으로 제안함으로써 고객 가치를 높일 필요성을 느꼈습니다.

이를 실현하기 위해서 기존 서점과는 분류를 완전히 바꾸어 문학, 디자인, 아트, 건축, 자동차 등 고객이 흥미를 가질 수 있는 장르로 나누어 이와 관련된 문고, 단행본, 잡지, 또는 필요에 따라서 음악 CD나 영화 DVD 등도 갖추었습니다. 물론 그것은 5,500만 명의 빅데이터를 통해 만들어진 분류이며, 각 장르의 전문 컨시어지와도 상담하면서 매장을 구성했습니다.

또 츠타야 서점과 츠타야 가전은 문구 코너, 카페(스타벅스), 여행 카운터, 편의점 등도 만들어 한 번에 왕래할 수 있는 등 '서점'을 바탕으로 사람이 좀 더 즐겁게 생활해나갈 수 있는 방법을 적극적으로 제안하고 있습니다. 책을 고집하는 데는 이유가 있습니다.

CCC의 마스다 사장은 이렇게 말했습니다.
"사람은 뭔가를 말하고 싶고, 제안하고 싶다는 근원적인 요구가 있기 때문에 책을 쓰고, 사진을 찍으며, 음악을 만든다. 그것은 영혼이 만들 수 있는 기술이며, 그 힘이 전해졌을 때 상대는 무엇인가의 영향을 받는다."

이 '전하는 힘'을 강력하게 만드는 것이 실제 점포라고 판단한 것입니다. '이런 생활방식도 있다'라는 것이 손님의 마음에 전해졌을 때가 바로 생활 제안이 성공한 순간입니다.

2014년 3월, 츠타야와 츠타야 서점의 서적과 잡지의 판매액은 1,150억 엔에 달해 과거 최고액을 갱신했습니다. 인터넷 판매액은 포함되지 않습니다. 책이 잘 팔리지 않는 현실에서도 착실히 결과를 내고 있습니다.

직영점은 적자라도 에지 있는 라이프 스타일을 제안하는 것으로 많은 고객을 끌어들이고, 적자 부분은 빅데이터를 활용한 B to B 사업으로 커버합니다. 일본 엔터테인먼트 업계를 선점하고 견인해나가고 있는 CCC의 대처에는 새로운 비즈니스의 힌트가 숨어 있습니다.

'과금 타이밍'을 무기로
격전의 소매업계에 파고든다

현재, 일본에서 가장 경쟁이 심한 업계 중 하나로 소매업을 들수 있습니다. 이익을 확보하는 방법은 이미 다 나와서 새로운 비즈니스 모델을 찾을 수 없다고 생각되지만, 그와 같은 포화 상태의 필드에서도 이노베이션을 일으키는 것은 가능합니다.

그것을 보여준 기업 중 하나가 코스트코 홀세일(이하 코스트코)입니다. 이 회사는 미국에 본사를 둔 회원제 할인점입니다. 마쿠하리와 가와사키 등을 비롯해 일본 내 20개 점포를 가지고 있습니다. 창고와 같은 대규모 점포 구조가 특징으로 신선·가공식품부터 가전, 그 외 일상용품들을 '코스트코 사이즈'라고 불리는 업소용 사이즈로 손에 넣을 수 있습니다.

과거에도 일본 소매업계에 진출한 외국계 기업은 몇 개 있었 지만, 까르푸나 테스코가 철수하고 월마트도 생각처럼 매출이 늘지 않았습니다. 그런 가운데 코스트코가 실적을 계속 올리고 있는 것은 왜일까요?

먼저 〈자료 3-6〉의 이 회사의 '이익'을 살펴본 나인 셀을 봐주 세요. 그중에서도 주목해야 할 것이 ⑤ What(무엇으로 돈을 벌 것 인가?)과 ⑥ How(어떻게 돈을 벌 것인가?)입니다. 코스트코 매장 은 모두 회원제입니다. 가입 수속을 마치고 연회비를 내야만 쇼 핑할 수 있는 시스템입니다. 일반 할인점과 달리 상품을 판매하 기 전에 현금(연회비)을 얻을 수 있는 스타일만 보면 '즉시' 돈을 벌고 있는 것처럼 보입니다. 그러나 실제로는 연회비를 운영 자 금으로 대량 매입을 해서 이를 싸게 제공함으로써 고객 만족도 를 높이고, 그 결과 그다음 해에 연회비를 납부받을 수 있습니다. 즉, 시간을 두고 (선점해서) 돈을 벌고 있다고 할 수 있습니다.

〈자료 3-6〉 **코스트코의 이익 설계**

Who	What	How
④ 누구에게서 돈을 벌 것인가? 모든 사람	⑤ 무엇으로 돈을 벌 것인가? 회비 수입	⑥ 어떻게 돈을 벌 것인가? 시간을 들여서 (선점해서)

이익

코스트코의 비즈니스는 지극히 심플합니다. '선불 연회비'가 있기 때문에 성립되는 것입니다. 그 근거로 〈자료 3-7〉의 코스트코의 재무 실적을 봐주세요. 이것은 2010년 8월 결산기부터 1년마다 5년분의 매출액과 매출 원가 영업이익을 집계한 것인데, 매출 원가율이 어느 해나 90%에 다다를 정도로 상당히 높다는 것을 알 수 있습니다. 통상의 기업에서는 거의 이익을 남길 수 없는 비율입니다. 실제 국내 소매 대기업들의 매출 원가율은 65% 정도입니다. 인건비 등을 고려하면 이 정도의 비율로 유지하지 않으면 기업이 존속할 수 없을 것입니다.

그런데 코스트코의 매출 원가율은 약 90%이며, 2~3% 정도의 영업 이익율을 확보하고 있습니다. 이것은 이온(일본의 대형 유통 회사)과 같은 수준입니다. 그 비밀이 연회비에 있는 것입니다. 코스트코에서는 법인은 3,500엔, 개인은 4,000엔(모두 세금

〈자료 3-7〉 **코스트코의 매출액·매출 원가·영업 이익의 추이**

	2010년 8월	2011년 8월	2012년 8월	2013년 8월	2014년 8월
매출액	76,255	87,048	97,062	102,870	110,212
매출원가 (원가율)	67,995 (89.2%)	77,739 (89.3%)	86,823 (89.5%)	91,948 (89.4%)	98,458 (89.3%)
영업이익 ※회비 포함	2,077	2,439	2,759	3,053	3,220

주) 코스트코 홀세일의 연차 보고서를 통해 작성(금액 단위는 100만 엔)

제외)의 연회비를 내면 멤버가 될 수 있습니다. 이 연회비는 원가가 없기 때문에 거의 100% 이익이 됩니다. 이 압도적으로 이익률이 높은 '상품'이 있기 때문에 매출 원가율이 극단적으로 높아도 이익을 계상할 수 있는 것입니다.

〈자료 3-8〉은 코스트코의 연회비 수입과 세전 이익, 세후 이익(당기순이익)의 추이를 집계한 것입니다. 각 연도의 연회비 수입은 매출액의 2% 정도에 해당하는 금액입니다. 여기서 주목할 것은 이러한 연회비 수입이 코스트코의 세전 이익의 약 70~80%를 차지해 세후 이익을 웃돌고 있다는 것입니다. 어찌 보면 코스트코는 연회비 수입이 없으면 적자로 전락할 수도 있다고 할 수 있습니다.

일반적으로 소매 업태는 돈과 물건을 직접 교환하는 단품 판

〈자료 3-8〉 **코스트코의 연회비 수입 추이**

	2010년 8월	2011년 8월	2012년 8월	2013년 8월	2014년 8월
연회비 수입	1,691	1,867	2,075	2,286	2,428
세전이익 (對 회비 비율)	2,054 (82.3%)	2,383 (78.3%)	2,767 (75.0%)	3,051 (74.9%)	3,197 (75.9%)
세후 이익	1,303	1,462	1,709	2,039	2,058

주) 코스트코 홀세일의 연차 보고서를 통해 작성(금액 단위는 100만 엔)

매로 성립되지만, 경쟁이 격화되고 시장이 포화하면 직구 승부
만으로는 좀처럼 통하지 않게 됩니다. 이 엄격한 업계에서 싸워
이기기 위해서는 코스트코가 연회비라고 하는 '이익의 선점'을
통해 대약진한 것처럼, 조금 시점을 바꾸어 이익 구조를 재검토
해보는 것도 필요합니다.

시장에서 가장 잘 팔리는 상품을 '코스트코 사이즈'로 판매
마지막으로 나인 셀 전체를 보며 '고객 가치'와 '프로세스'에
대해서도 확인해봅시다. 〈자료 3-9〉를 봐주세요.

〈자료 3-9〉 **코스트코의 비즈니스 전체를 나인 셀에서 확인**

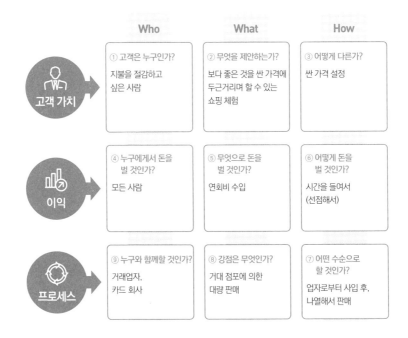

이 회사의 '고객 가치'를 정리해보면 '지불을 줄이고 싶은 사람'(① Who)에 대해서도 '두근거리는 쇼핑 체험'(② What)을 어느 곳보다 '싼 가격'(③ How)으로 제공하는 것입니다. 코스트코를 방문해보면 알 수 있지만, 창고와 같은 넓은 공간에 대용량의 상품이 쭉 늘어서 있어 마치 미국의 슈퍼에서 쇼핑을 하고 있는 것 같은 느낌을 주고, 숨겨진 저렴한 물건을 찾는 두근거림이 있습니다. 대용량이기 때문에 친구나 이웃과 나누는 즐거움도 있습니다. 이러한 즐거운 체험을 압도적으로 저렴하게 제공하고 있는 것이 타사와의 차별화로 이어지고 있습니다.

이러한 저렴함(③ How)을 뒷받침하고 있는 것이 앞에서 말한 연회비입니다. 다시 '이익' 단을 보세요. 모든 방문고객(④ Who)으로부터 돈을 버는 것은 일반 마트나 할인점과 동일하지만, 그것은 연회비(⑤ What)를 먼저 받고 다음 해 이후에도 계속 지불받음(⑥ How)으로써 성립되고 있습니다. 다시 말해, 회원제를 채택해서 고객들을 포섭해 장기적인 관계를 맺는 것이 비즈니스의 생명선인 것입니다.

'프로세스'의 단계도 확인해봅시다. 강점(⑧ What)은 거대한 매장을 통해서 대량 판매하는 것입니다. 창고 같은 큰 매장이면서 그 상품의 개수는 편의점 수준으로 적습니다. 그래도 고객의 호응을 받고 연회비를 계속 받을 수 있는 것은 거래업자(⑨ Who)

를 엄선해 질 좋은 상품을 대량으로 사입할 수 있기 때문입니다.

주목해야 할 것은 '간장' 하면 키코만, '커피' 하면 스타벅스 등 그 시장에서 가장 잘 팔리는 상품(=고객이 가지고 싶은 상품)을 선정해 그것들을 특별히 코스트코 사이즈로 만들어 가게에 진열하고 있는 부분입니다. 이렇게 함으로써 재고를 최대한 줄일 수 있게 되었습니다.

코스트코 성공의 열쇠는 '마진 믹스'와 '시간을 들여서'

코스트코의 비즈니스는 마진 믹스(Margin Mix, 이익률이 다른 상품이나 서비스의 조합으로 전체적으로 필요한 이익을 1명 고객으로부터 확보한다)이면서 '시간을 들여(선점해서) 돈을 번다는 특징이 있습니다. 고객으로부터 연회비를 미리 받는 것이 '시간을 들여 버는' 것이 되어, 이를 운영 자금으로 활용해서 대량 구입을 함으로써 싸게 제공하고 있습니다. 이것으로 전체적으로 원하는 이익을 확보하는 것이 가능한 것입니다. 이것이 마진 믹스입니다.

단품 판매라는 발상을 재검토해서 과금 포인트를 조금 비틀어서 돌파구를 열었습니다. 직구 승부로는 시장에서 좀처럼 이기기 힘든 중소기업이나 신규 진출 기업 입장에서는 큰 참고가 될 것입니다.

스마트폰을 학원으로 바꾸고
교육 비즈니스에 혁신을 일으키다

2011년 리크루트 홀딩스의 자회사인 리크루트 마케팅 파트너스는 수험생 전용의 온라인 교육 서비스 '수험 서플리'를 시작했습니다. 개시부터 불과 4년 만에 전국 수험생의 2명 중 1명에 해당하는 약 30만 명이 이용하는 성공한 비즈니스가 되었습니다.

모체는 리크루트라고 하는 큰 회사이지만, 교육 시장에 있어서는 후발 회사입니다. 게다가 수험 서플리는 사내 벤처로서 시작한 신규 사업입니다. 그런 의미에서는 스타트업 모델로서 많은 참고가 되는 사례입니다.

먼저 나인 셀로 수험 서플리의 '이익'을 분석해봅시다. 〈자료 3-10〉을 봐주세요. ④ Who(누구에게서 돈을 버는가?)는 수험생, What(무엇으로 돈을 벌 것인가?)는 월정액 980엔이라는 앱 이용

〈자료 3-10〉 **수험 서플리의 이익 설계**

	Who	What	How
이익	④ 누구에게서 돈을 벌 것인가? 대학 수험생	⑤ 무엇으로 돈을 벌 것인가? 앱 이용료 (월정액 980엔)	⑥ 어떻게 돈을 벌 것인가? 시간을 들여서

료입니다. 회원제를 도입해 고객과 장기적인 관계를 구축함으로써 돈을 벌기 때문에 단품 판매보다 안정적으로 이익을 확보하기 쉬운 것이 포인트입니다.

수험 서플리의 성공 요인 중 하나가 월정액 요금을 980엔으로 설정한 것입니다. 일반 학원 수강료가 연간 30~50만 엔까지 든다는 것을 생각하면, 연간 1만 2,000엔 정도는 굉장히 저렴하게 느껴집니다. 그리고 980엔으로 들을 수 있는 서비스(수업)의 내용이 뛰어납니다. 또한, 전 과목 강의를 무제한으로 수강할 수 있습니다. 100개 이상의 대학 기출 문제를 무제한 다운로드할 수 있고, 무료로 모의고사도 볼 수 있을 정도로 콘텐츠가 굉장히 충실합니다.

강의 부분에서도 유명학원의 강사를 초대해 수험생이 동영상에 집중할 수 있도록 20분 정도로 끝내는 등, 흥미를 가지고 공부를 계속할 수 있도록 섬세하게 구성되어 있습니다. 도저히 980엔으로 채산이 맞지 않을 것 같은 사업인데도 결행한 것은 서비스 개시 당시, 가격 설정을 잘못한 쓰디쓴 경험이 있기 때문입니다. 처음에는 매입 형태를 채택해 1강좌에 5,000엔으로 제공하기 시작했습니다. 이것은 실제 학원이나 학원의 수업료에 비하면 저렴했지만, 인터넷의 시세로서는 결코 싸지 않았습니다.

　내용은 천차만별이지만, 온라인 교육 서비스 중에는 월정액 몇백 엔부터 3,000엔 이하로 배울 수 있는 것도 굉장히 많기 때문입니다. 실패 후, 비즈니스의 구조를 근본부터 만들기로 했습니다. 매입 형태에서 회원제로 전환해 고객이 지속해서 이용할 수 있고, 또한 가격이 싸면 나쁠 것이라는 느낌을 주지 않는 가격 수준을 모색해 월 980엔이라는 결론을 냈습니다.

'학원이나 학원에 못 다닌다'라는 문제도 해결
　수험 서플리의 비즈니스 전체를 나인 셀에 적용시켜보면 '이익' 이외에도 다양하게 노력했다는 것을 알 수 있습니다(〈자료 3-11〉).
　'고객 가치'의 ① Who(고객은 누구인가?)는 대학 수험을 목표로 하는 고등학생입니다. 주로 '어떻게든 되겠지'라고 우쭐대는 학생을 타깃으로 하고 있지만, 실은 그것과는 조금 다른 용

〈자료 3-11〉 **수험 서플리의 비즈니스 전체를 나인 셀에서 확인**

	Who	What	How
고객 가치	① 고객은 누구인가? 대학 수험 같은 것은 어떻게든 될 거라고 막연하게 생각하고 있는 고등학생	② 무엇을 제안하는가? 개별적으로 받고 싶은 수업을 손쉽게 받을 수 있다.	③ 어떻게 다른가? 대학 입시 학원과 비교해서 손쉽고 싸다(980엔).
이익	④ 누구에게서 돈을 벌 것인가? 대학 수험생	⑤ 무엇으로 돈을 벌 것인가? 앱 이용료 (월정액 980엔)	⑥ 어떻게 돈을 벌 것인가? 시간을 들여서
프로세스	⑨ 누구와 함께할 것인가? 콘텐츠 홀더 (강사를 빼오는 것 등)	⑧ 강점은 무엇인가? 플랫폼 데이터 축적	⑦ 어떤 수순으로 할 것인가? 스마트폰으로 수강, 최적화된 콘텐츠를 작성

건이 있는 고객이 존재한다는 것도 밝혀졌습니다. 리크루트의 담당자가 전국 각지를 돌아 수험 서플리를 이용하고 있는 100명 이상의 유저를 만나 조사했더니 '학원이나 대입 학원에 다닐 수 없다'라는 문제를 안고 있는 고등학생이 예상 이상으로 많았습니다.

그중에는 시골에 살고 있기 때문에 근처에 학원이나 학원이 없어서 다닐 수 없는 물리적인 문제를 안고 있는 고등학생도 있었지만, 한편으로는 경제적으로 여유가 없기 때문에 학원이나 학원에 다니지 못하는 사람도 적지 않았습니다. 통계 데이터를 조사해보면 학원이나 대입 학원에 다니고 있는 고등학생의 비율은 30% 정도입니다. 다시 말하면, 고등학생의 70%는 원래 학원이나 대입 학원에 다닐 의사가 없거나, 다니려고 생각하고 있지만 어떤 사정이 있기 때문에 다닐 수 없다는 것을 알 수 있습니다.

만약 후자의 '입시학원에 다닐 수 없다'라는 문제를 해결할 수 있다면 훌륭한 비즈니스가 될 것입니다. 그리고 (처음부터 의도했는지 아닌지는 차치하고) 그 일을 실행한 것이 수험 서플리였습니다. 하지만 아무리 '고객 가치'가 뛰어나고 '이익' 구조가 튼튼해도 그것을 실천하는 '프로세스'가 기능하지 않으면 비즈니스를 잘 운영할 수 없습니다. 그 점에서도, 수험 서플리의 서비스에는 다양한 고민의 흔적이 보입니다.

'프로세스'의 ⑦ How(어떤 수순으로 할 것인가?)는 스마트폰으로 콘텐츠를 제공하게 되는데, 여기에서는 콘텐츠의 질을 엄격히 따지게 됩니다. 예를 들어, 실제 교실에서 하는 강의를 그대로 사용하거나 강사가 화이트보드 앞에서 하염없이 이야기를 계속하는 형편없는 영상으로는 흥미를 가지고 계속 보게 할 수는 없습니다.

그래서 수험 서플리에서는 서두의 인사와 같은 '낭비'를 최대한 생략해 강의의 밀도를 높이고, 1회의 강의를 최장 20분으로 제한을 두는 등 고등학생들이 효율적으로 배울 수 있는 콘텐츠 만들기에 집중했습니다. 또한, 화면의 조작성 등도 사용자 시점에서 생각해서 알기 쉽고 세련된 UI(사용자 인터페이스)를 구축했습니다.

이러한 독자 콘텐츠의 작성이나 앱의 개발에는 상당한 비용과 시간, 노력이 필요하고, 또한 미디어, 크리에이터로서의 노하우도 요구당하기 때문에 같은 서비스를 일반 학원이나 대입 학원이 단독으로 다루는 것은 힘듭니다. 즉, 이 점이 수험 서플리 상품의 강점(⑧ What)이라고 할 수 있습니다.

프로세스(⑨ Who)도 간과할 수 없습니다. 각지의 대입 학원으로부터 평판이 높은 강사나 인기 있는 강사를 뽑아 강의의 콘텐츠를 충실하게 채웠습니다.

수험 서플리의 성공이 자극이 되어 이것에 대항하는 움직임도 활발해지고 있습니다. 가정교사 트라이(트라이그룹)가 선보이는 영상학습 서비스 '트라이잇(Try IT)'은 임팩트 있는 TV 광고를 통해 수험 서플리를 뒤따르고자 하고 있습니다. 수험 서플리와의 가장 큰 차이는 강의 도중에 스마트폰을 흔들면 강사에게 질문할 수 있다는 것입니다. 단, 질문했을 때 건당 500엔이 부과되는 구조로 되어 있습니다.

트라이잇의 경우, 최종 목적은 실제 가정교사를 이용하는 것이기 때문에 인터넷은 어디까지나 서브적인 위치입니다. 이것이 인터넷만으로 승부하는 수험 서플리와 근본적으로 다른 점입니다. 그 밖에도 출판업계나 학원업계의 대기업들이 인터넷 상의 교육 서비스에 참가하고 있습니다. 노력 여하에 따라 대체 가능한 서비스이기 때문에 가까운 미래에 어떤 서비스가 살아남을지 주목할 만합니다.

직구 승부로 막히면 '시간을 들여서' 돈을 버는 것을 생각하자

월정액 980엔이라고 하는 회비로 성립된 수험 서플리의 비즈니스는 고객과 계속해서 교류하는 것을 전제로 하고 있습니다. 상품이나 서비스를 장기간 계약하게 함으로써 고정비를 마련하고 이익을 확정 지을 수 있기 때문에 안정적인 이익을 얻을 수 있는 것이 특징입니다.

같은 회원제라도 업종이나 업태, 전략, 기업 규모, 고객의 속성 등에 따라 회비를 결정하는 방법이 다양합니다. 예를 들면, 소수의 부유층에 집중해서 고액의 회비를 모으는 비즈니스도 있고, 가능한 한 회비를 싸게 해 수많은 회원을 안고 가려고 하는 비즈니스도 있습니다. 수험 서플리는 후자의 전형이라고 말할 수 있습니다.

저렴한 회비에는 주로 2가지 효과가 있습니다. 부담 없이 이용할 수 있으므로 많은 고객이 계약해줄 가능성이 커지기 때문에 비록 1인당 이익 폭은 작아도 수효가 많으면 이익을 확보할 수 있습니다. 또 많은 고객과 계속해서 연결될 수 있다면, 그 스케일을 활용해서 새로운 사업을 전개할 수도 있습니다. 그 일례로 리크루트가 2015년부터 서비스를 시작한 '공부 서플리'입니다. 이것은 수험 서플리에서 축적된 노하우를 전부 활용해 초등학생·중학생 전용으로 응용한 온라인 교육 서비스입니다.

고객 접점이
모두 과금 포인트가 된다

앞에서 이익을 어떻게 설계해야 하는지에 대해 살펴보았습니다. 마지막으로 '돈을 버는 방법'의 포인트를 복습해보도록 하겠습니다.

여러분이 종사하고 있는 사업은 돈과 물건, 서비스를 직접 교환하고 있는 경우가 많지 않을까요. 거듭 말씀드리지만, 이것이 가장 위력을 발휘하는 경우는 강력한 브랜드력과 자금력을 가지고 큰 규모로 사업을 전개할 수 있는 극소수의 대기업 정도입니다.

물건이나 서비스를 판매해 즉시 이익으로 연결된다면, 그것은 '돈을 버는 방법'으로서는 지극히 효율적이라고 말할 수 있지만, 이미 큰 점유율을 차지하는 대기업이 존재하는 시장에서 중소기업이나 스타트업이 '정면승부'를 하는 것은 쉽지 않습니다. 경영 기반이 취약한 기업이 이것을 하려고 하면 사업이 망하게 될 수도 있습니다.

그렇다고는 해도 현실에서는 다양한 사업에 종사하는 중소기업이나 신규 사업을 시작하는 기업가들은 많이 있으며, 날마다 어려운 시장 환경 속에서 수익의 확대를 목표로 해나가지 않으면 안 됩니다. 그렇다면 돈과 물건·서비스의 직접 교환이라고 하는 종래의 '돈을 버는 방법'을 어떻게 바꾸면 좋을까요?

키워드는 '돈을 버는 방법을 조금 비틀어 생각하는' 것입니다.

'돈을 버는 방법을 조금 비틀어 생각한다'라는 것은 과금 포인트를 바꾸는 것입니다. 우리는 '돈을 번다'라고 하는 것과 물건이나 서비스를 '판매한다', '사게 한다'라고 하는 사고로부터 좀처럼 벗어날 수 없는데, 사실 고객과의 접점 횟수만큼 과금 포인트는 있습니다. 예를 들어, '돈을 벌지 않는 사람을 정한다', '돈을 벌지 않는 물건을 정한다'라는 의사결정을 하고, 다시 '즉시 벌 것'인지, '시간을 들여 벌 것'인지 하는 식으로 시간 축을 조작할 수 없을지 생각해봅니다. 이것은 돈을 버는 방법을 전체적으로 보는 것으로도 연결됩니다.

물론 갑자기 '돈을 버는 방법을 조금 비틀어 생각하라'고 들어도 막상 하기는 어렵게 느껴질 것입니다. 그 경우는 다음 사항을 검토해보시기 바랍니다.

'주력 상품'을 '원가'로 판매한다

수익이 되는 상품이나 서비스를 원가로 팔아버리는 것입니다. 판매가격이 절반 이하로 떨어지는 상품이나 서비스도 있을 것입니다. 좋은 상품이나 서비스를 싸게 손에 넣을 수 있으므로 고객은 큰 기쁨이지만, 원가로 판매하면 자금을 조달할 수 없기 때문에 장사로서는 성립되지 않을 것입니다. 그렇다면 다음과 같이 생각해보십시오.

도대체 '무엇으로' 돈을 버는 것인가?

주력 상품에 대한 수익을 버린다면, 그 이외의 곳에서 벌 수밖에 없습니다. 이것을 열심히 생각하는 게 '이익'의 Who, What, How입니다. '고객 접점의 모든 것이 과금 포인트가 된다'라고 하는 기분으로 이익을 얻는 방법을 생각해보세요. 돈이나 물건, 서비스의 직접 교환이 성립되지 않아도 '돈을 버는 방법을 조금 비틀어 생각한다'라고 하는 발상을 출발점으로 고객과의 접점으로부터 이익을 설계하는 것입니다. 최적의 과금 포인트를 찾아낼 수 있다면, 그것이 수익을 얻는 지름길이 된다는 것을 알 수 있을 것입니다.

8개의 로직으로
돈을 버는 패턴을 보이게 한다

마지막으로 좀 더 체계적으로 '이익'에 대해 생각하고 싶은 분들을 위해서 제가 고안한 8가지 로직을 소개하겠습니다. 〈자료 3-12〉를 봐주세요. 그동안 알려드렸던 '이익'의 3가지 요소(④ Who, ⑤ What, ⑥ How)를 어떻게 조합했느냐에 따라서 수익에 대한 로직을 8가지로 분류한 것입니다.

어떤 사업이든 A~H까지의 어느 로직에 반드시 해당합니다. 이 8가지 로직만 머리에 들어 있으면, 새로운 사업을 기획하거나 다른 회사의 사업을 연구할 때, 그 이익 구조가 투명하게 보이게 됩니다.

〈자료 3-12〉 **이익 설계를 하기 위한 8가지 로직**

	설명할 수 있는 대표 사례	누구에게서 (Who)	무엇으로 (What)	타이밍 (How)
로직 A	판매 매진	전원	전 상품	즉시
로직 B	생애 가치	전원	전 상품	시간을 들여서
로직 C	마진 믹스	전원	돈을 버는 상품과 못 버는 상품	즉시
로직 D	설치형	전원	돈을 버는 상품과 못 버는 상품	시간을 들여서
로직 E	고객 믹스 멀티컴포넌트	돈을 벌 수 있는 상대와 벌 수 없는 상대	전 상품	즉시
로직 F	프리미엄	돈을 벌 수 있는 상대와 벌 수 없는 상대	전 상품	시간을 들여서
로직 G	제삼자 과금	돈을 벌 수 있는 상대와 벌 수 없는 상대	돈을 벌 수 있는 상품과 벌 수 없는 상품	즉시
로직 H	플랫폼 구축 빅데이터	돈을 벌 수 있는 상대와 벌 수 없는 상대	돈을 벌 수 있는 상품과 벌 수 없는 상품	시간을 들여서

[로직 A] '단품 판매형' – 대기업용

이 장의 서두에서도 이야기한 것처럼 돈이나 물건, 서비스를 직접 교환하는 방법입니다. 물건이나 서비스를 팔고 누군가가 삽니다. 단품별로 이익률을 설정해서 판매할 때마다 이익을 얻습니다. 전통적인 대기업들은 대부분 이러한 수익 구조이기 때문에 이 로직 A를 바탕으로 비즈니스를 해왔습니다.

하지만 기업 간 경쟁이 치열해져 시장이 포화 상태가 되면 논리 A만으로 사업을 성립시키기는 매우 어렵습니다. 직구 승부로만 도전하면 결국 통용되지 않게 될 가능성이 큽니다. 세상을 둘러봐도 로직 A로 성공한 것은 유니클로(퍼스트 리테일링), 프록터 앤드 갬블(P&G), 루이뷔통(LVMH 그룹) 등으로 대표되는 소수의 세계적 기업뿐입니다. 압도적인 강점을 지니고 있지 않은 한 로직 A로 살아남는 것이 해마다 어려워지고 있습니다. 자신의 비즈니스가 로직 A에 해당된다면 그 외의 7가지 로직도 검토해보는 것을 권해드립니다.

[로직 B] 고객과의 교류를 전제로 하는 수익 방법

고객이 물건을 사주면 거기서 끝나는 로직 A에 비해 고객과 계속해서 교류하지 않으면 이익을 얻을 수 없는 것이 로직 B입니다. 대표적인 것이 인터넷의 프로바이더 요금, 피트니스 센터의 이용 요금, 대학의 등록금과 같이 월 단위나 연 단위로 정기적으로 지불하게 하는 사업입니다.

이와 같은 지불 방법이나 과금 방법을 '서브스크립션(sub-scription)'이라고 부르기도 합니다. 장기간에 걸친 계약에 따라 상품 및 서비스를 계속해서 이용하게 함으로써 고정비용을 조달함과 동시에 미리 이익을 확정할 수 있습니다. 가능한 한 많은 고객에게 계약을 하게 해서 안정 기반을 얼마나 구축할 수 있을지가 관건입니다. 이 장에서 소개한 '수험 서플리'는 이 논리 B로 구성되어 있습니다.

[로직 C] 돈을 버는 상품과 벌지 않는 상품을 나누어 전체적으로 이익을 확보한다

모든 고객에게서 돈을 번다는 점에서는 로직 A나 B와 동일하지만, '돈을 버는 상품'과 '벌지 않는 상품'을 미리 결정하고 있는 것이 큰 특징입니다. 대표적인 예가 규동(소고기덮밥) 가게입니다. 대형 체인들은 현재 규동의 보통 사이즈를 380엔 정도에 제공하고 있습니다. 과거에는 300엔 이하로 떨어졌던 시기도 있었기 때문에 비싸다고 느끼는 사람이 있을지도 모릅니다.

하지만 일반적인 외식점의 가격 설정으로서는 꽤 저렴하고, 인건비 상승을 고려하면 규동만으로 이익을 확보하는 것은 어렵습니다. 하지만 규동 가게에서 식사를 하는 사람 중에는 규동과 함께 날달걀을 주문하는 사람이 많다는 것을 알고 계시나요? 날달걀의 가격은 60엔 정도입니다. 아마 원가는 10엔 정도일 테니 날달걀 쪽이 압도적으로 이익률이 높다는 것을 누구나 알 수 있을 것입니다. 즉, 규동 가게는 규동이라는 간판 상품으로는 벌지 않고, 계란이나 된장국 등의 사이드 메뉴로 돈을 벌기로 결정한 것입니다.

만둣집에서 만두와 밥의 관계도 똑같습니다. 이처럼 이익률(마진)이 다른 상품과 서비스를 조합해 전체적으로 필요한 이익을 1명의 고객으로부터 확보하는 방법을 '마진 믹스'라고 부릅니다. 슈퍼마켓에서 가장 많이 팔리는 상품도 그렇습니다. 특매품으로 날달걀을 1팩(10개)에 150엔에 팔아도 그 외의 채소와 고기 등을 같이 사주기 때문에 전체적으로 이익을 볼 수 있기 때문입니다.

100엔 균일가 매장도 사실은 로직 C입니다. 상품마다 원가가 제각각이고 이익률은 다른데 모든 것을 같은 가격에 팔아버립니다. 그런데도 성립되는 것은 고객은 몇 개의 상품을 조합해 구입해줄 확률이 높아 전체적으로 이익을 확보할 수 있기 때문입니다.

[로직 D] 부담 없이 관심받고 오래 교류한다

로직 D는 로직 C와 같이 마진 믹스를 베이스로 하고 있지만,

'시간을 들여서 번다'라는 점이 다릅니다. 대표적인 예가 질레트의 '면도날'입니다. 면도기를 구입한 고객은 사용하고 있는 동안에 면도날이 필요하게 되지요. 면도기라고 하는 상품을 구입한 후 머지않아 필요한 소모품을 구입하는 것으로, 결과적으로 고객과의 교류가 길어집니다. 바로 로직 D입니다. 무엇보다 질레트의 경우, 회사가 도산할 뻔해서 면도날을 무료로 나누어주었더니 사용자가 단번에 증가해 나중에는 면도날로 돈을 벌 수 있게 되었다고 합니다. '우연의 산물'로 로직 D에 도달한 것입니다.

컴퓨터용 프린터와 잉크의 관계도 그렇습니다. 프린터 본체는 기능에 비해 저렴하고 단품으로는 돈을 벌 수 없지만, 나중에 반드시 필요한 소모품인 순정 잉크의 가격은 비교적 비싸게 설정해 이것을 계속 사게 함으로써 이익을 올리고 있습니다. 다만 최근에는 프린터 제조사가 아닌, 다른 회사들이 순정 잉크 대체품을 저렴한 가격에 출시하고, 이 대체품을 이용하는 고객이 많아져 기존의 방식은 통하지 않고 있습니다. 프린터 제조사들은 현재 분기점을 맞고 있는 것 같습니다.

그 밖의 로직 D의 성공 예로 닌텐도의 '패밀리 컴퓨터'가 있습니다. 게임기의 본체는 싸게 해서 이익률을 낮추는 한편, 수많은 게임 소프트를 판매함으로써 이익을 얻는 구조를 만들었습니다. 앞에서 설명한 코스트코도 이 로직 D로 사업을 성립시켰습니다. 코스트코는 연회비를 베이스로 하는 서브스크립션 형태의 비즈니스이기 때문에 로직 B인 것 같지만, 사실은 돈을 버는 상품과 못 버는 상품을 정해놓고 있습니다. 돈을 버는 상품이 연회비이고, 돈을 못 버는 상품이 매장에서 판매하는 상품입니다.

[로직 E] 같은 상품이나 서비스라도 다른 사람에게 판매하면 이익의 폭이 넓어진다

로직 E는 같은 상품이나 서비스라도 속성이 다른 고객에게 동시에 제공함으로써 이익을 확보하는 것입니다. 가장 이해하기 쉬운 예는 어린이용 애니메이션 영화입니다. 첫 번째 타깃은 어린이지만 아이에게서만 돈을 벌려고 하지 않고, 동반하는 어른으로부터도 벌려고 하는 점이 포인트입니다. 아이가 영화를 보고 싶다고 하면 부모님도 반드시 따라옵니다. 성인 요금은 어린이 요금보다 비싸기 때문에 이익의 폭이 넓어지는 데다 이익도 더 확실히 보장됩니다.

이 로직 E를 버는 방법은 에이드리언 슬라이워츠키(Adrian Slywotzky)가 분류한 것 중 '멀티 컴포넌트'에 해당합니다. 멀티 컴포넌트란, 단적으로 말하면 같은 제품이나 서비스라도 복수의 판매 채널이 있으면, 이익을 취하는 방법도 달라진다고 하는 생각입니다.

[로직 F] 돈을 지불해서라도 업그레이드하고 싶어진다

스마트폰 게임에 많이 채용되는 논리입니다. 크리스 앤더슨(Chris Anderson)의 《프리》라는 서적에 소개되어 일약 유명해진 '프리미엄'이라는 이익을 얻는 방법도 이에 해당합니다. 무료로 게임을 계속하는 고객에게서는 돈을 벌지 않겠다고 결정하고, 아이템을 구입하는 고객에게만 계속해서 요금을 징수하는 구조입니다.

게임뿐만 아니라 스마트폰 앱의 과금은 대부분이 이 논리 F에 근거하고 있습니다. 앱을 무료로 배포한 후, 확장적 기능을 원하는 고객이 돈을 내고 사용해주기 때문에 가능한 비즈니스입니다. 사진이나 데이터를 인터넷에 저장할 수 있는 Dropbox도 로직 F에서 이익을 내고 있습니다. 무료로 계속 사용할 수도 있지만, 정액 요금을 지불하면 더 큰 용량의 파일을 올릴 수 있습니다. 사용하다가 편리함을 실감한 고객은 월정액 1,200엔(또는 연정액 12,000엔)은 아깝지 않게 느껴집니다.

로직 F의 성패는 무료로 사용하기 시작한 고객 가운데 얼마나 많은 사람에게 과금하게 할 수 있을까에 달려 있습니다. '더 즐기고 싶다', '더 편리하게 사용하고 싶다' 하는 식으로 고객이 '계속 사용하고 싶다'라고 생각할 정도의 매력을 제공하는 것이 대전제가 됩니다.

[로직 G] 메인 고객이 아니라 제삼자부터 돈을 번다

주 고객으로부터는 돈을 벌지 않고 제삼자에게 다른 상품이나 서비스를 제공함으로써 돈을 벌려고 하는 게 로직 G입니다. 가장 이해하기 쉬운 것이 무료로 시청할 수 있는 지상파 텔레비전 방송입니다. 지상파에서 프로그램을 방영하고 있는 방송국은 프로그램을 시청하는 고객에게 과금하지 않고, TV 광고의 스폰서 기업이라고 하는 제삼자로부터 돈을 벌고 있습니다. 후원사로부터 돈을 받고 프로그램 중간중간 TV 광고를 내보냅니다. 그 광고 수입으로 경영을 꾸려가고 있는 것입니다.

말하자면 지상파 TV는 플랫폼입니다. 방송국이 설정한 플랫폼이라고 하는 장소에 고객, 정보 등 다양한 것이 모여들어 거기에서부터 새로운 이익을 낳는 비즈니스가 태어나고 있는 것입니다. 구글과 같은 검색 사이트도 그렇습니다. 사이트를 사용하는 사람으로부터 돈을 버는 것이 아니라, 사이트나 메일이나 SNS에 광고를 내는 스폰서 기업으로부터 돈을 벌고 있습니다. 스폰서는 구글이라는 플랫폼을 통해 자신들의 고객들에게 접근할 수 있기를 기대하며 광고비를 지불하고 있는 것입니다.

이처럼 플랫폼, 최종 사용자, 스폰서로 구성된 비즈니스 모델을 3자 간 시장(멀티사이드 플랫폼)이라고 부르기도 합니다. 플랫폼은 최종 사용자에게서는 돈을 벌지 않고 스폰서로부터 법니다.

플랫폼과 스폰서의 관계는 방송국과 광고주처럼 B to B인 경우도 있고, 앱과 일부 유저와 같이 B to C가 되는 경우도 있습니다.

[로직 H] 복잡하기 때문에 모방하기 힘든 수익 방법

한마디로 시간을 들여 독자적인 플랫폼을 구축하고 규모를 확대해나가는 비즈니스입니다. 한번 성공하게 되면 타사는 쉽게 흉내 낼 수 없습니다. 8개의 로직 중에서 가장 모방이 어렵다고 할 수 있습니다. 컬처 컨비니언스 클럽(CCC)의 비즈니스도 로직 H에 해당합니다. 이 회사의 경우, 렌탈 비디오점의 회원이나 T포인트 카드의 가입자로부터 이익을 얻고 있지만, 거기에 더해 고객의 행동에 의해서 축적된 이른바 빅데이터를 활용하고 있습니다.

일정 기간 고객에게 봉사하며 회원 수를 늘리고, 최종적으로는 그 데이터를 통해 새로운 시장을 창출해서 수익을 얻습니다. 이러한 전략을 실천하기 위해서는 수십 년간 모아온 고객 데이터가 필수입니다. 그동안 점포 수를 늘리는 등 규모 확대도 필요하기 때문에 후발 기업이 추종하는 것은 어렵습니다. CCC는 현재 도서관, 가전 등 새로운 영역으로의 진출을 시도하고 있습니다. 이러한 전개도 오랜 세월에 걸쳐 구축한 견고한 플랫폼이 있기 때문에 가능한 것입니다.

빅데이터와 IoT의 관련은?

요즘 주목받는 단어 중 하나는 빅데이터입니다. 빅데이터는 문자 그대로 '대량의 데이터 모임'이기 때문에 빅데이터 활용이란, 자사가 모은 데이터 전체를 사용해 그 경향을 분석하는 것을 의미합니다.

소매업이라면 어떤 특정 제품 A와 관련해서 구매되는 또 다른 제품 B, C, D 등을 특정해놓으면, 제품 A를 구매한 고객에게 무엇을 권해야 하는지 알 수 있습니다. 아마존이나 넷플릭스의 추천 기능은 그야말로 빅데이터가 할 수 있는 기술입니다. 디지털화가 압도적으로 쉬워지고, 컴퓨터의 연산 성능도 높아진 현재는 방대한 데이터를 모아 해석하는 일이 이전보다 훨씬 쉬워졌습니다.

앞에서 이야기한 컬처 컨비니언스 클럽은 츠타야에서 취급하는 상품의 판매 데이터를 자사에 활용할 뿐만 아니라 타사를 위해서 기획을 입안해 판매하는 데까지 이르렀습니다. 즉, 원래는 소매업태여야 할 기업이 데이터로 돈을 벌게 된 것입니다. 이것이 빅데이터를 기반으로 한 새로운 비즈니스 모델입니다.

　이러한 빅 데이터의 활용 범위는 IoT에 의해서 한층 더 확산하려고 합니다. IoT란 'Internet of Things'의 머리글자로 '사물 인터넷화'라고도 불리고 있습니다. 유형의 제품(물건)을 인터넷에 연결함으로써 조작이 편리해질 뿐만 아니라 사용자의 데이터를 기록하고 축적할 수 있다는 점에 주목이 쏠리고 있습니다.

　예를 들어, 자동차가 인터넷에 연결이 되면 무엇이 달라질 수 있을까요. 스마트폰으로 잠금을 풀 수 있어 편리하다고 생각하는 사람이 있을 수 있지만, 정말 중요한 것은 주행 데이터를 모을 수 있다는 것입니다. 즉 무슨 요일의 몇 시에 타고, 어느 정도의 속도로 몇 킬로미터를 달렸는지, 또는 액셀이나 브레이크를 밟는 방법에 어떤 버릇이 있는지, 유저 한 사람, 한 사람의 데이터를 송두리째 수집할 수 있는 것입니다.

　이를 바탕으로 제조사는 친환경적으로 주행하기 위한 조언을 내비게이션 화면상에 내보내거나 그다지 잘 주행하지 않는 사용자에게 더 저렴한 보험을 제안할 수 있습니다. 또한, 그 데이터를 모아서 보험 회사 등에 판매하는 것도 가능하게 됩니다.

즉, IoT로 빅데이터를 모으고 그것을 잘 분석·가공함으로써 단순하게 물건이나 서비스를 판다고 하는 비즈니스에서 고객에게 새로운 서비스를 제안하거나 또 고객 이외의 제삼자에게 데이터나 기획을 판매하는 것과 같은 새로운 사업 영역에 발을 디디는 것이 가능하게 될지도 모릅니다.

이미 IoT를 구현하고 있는 사례로, 미국의 전기차 제조업체인 테슬라 모터스를 들 수 있습니다. 테슬라는 주력제품인 '모델S'를 항상 인터넷에 연결하고 있으며, 소프트웨어 업데이트를 통해 차량을 버전업시키고 있습니다. 어느 날 아침, 차가 마음대로 버전업되어 있어서 자동 운전을 할 수 있게 되었다는 식의 이야기가 현실화되고 있습니다. 또한, 애플워치 등으로 대표되는 웨어러블 단말기도 인체의 IoT화를 담당하는 도구로 주목받고 있습니다. 우리의 몸 상태가 건강관리 데이터로 의료기관에 전송되면, 질병의 예방이나 조기 발견에 도움이 될지도 모릅니다.

고객 관점에 선 '프로세스'로
비즈니스를 움직이자

이 Chapter에서는 나인 셀의 '프로세스'에 대해 설명합니다. 비즈니스의 '고객 가치'를 정의하고 '이익'의 구조를 구축한 뒤, 그것을 어떻게 실행에 옮길까를 생각하는 것이 '프로세스'입니다. 여기에서도 고객 시점에 서는 것이 중요합니다. 그러면 비즈니스를 움직이기 위해서 어떤 순서(How)를 선택하고, 거기서 자사의 장점(What)을 어떻게 활용하고, 또 약점을 보완하기 위해서 누구(Who)와 함께해야 하는지, 그 포인트가 보이게 됩니다.

'고객 가치'와 '이익'을 실현하기 위해서는 과감한 '프로세스'가 필수불가결

택시 배차 서비스 우버(Uber)나 숙박 시설을 대여하는 에어비앤비(Airbnb)를 아시나요? 모두 0에서 비즈니스를 일으켜 대성공을 거둔 스타트업입니다. 이 2개 사를 시작으로 미국에서는 지금까지 상상도 할 수 없었던 이노베이션을 일으키는 스타트업이 잇달아 등장해 그 비즈니스 프로세스가 전 세계에서 주목받고 있습니다. 그렇다면 '비즈니스 프로세스'란 구체적으로는 어떤 것을 의미하는 것일까요?

나인 셀에서는 '프로세스'는 맨 아래의 단에 위치하고 있습니다. 발췌하면 〈자료 4-1〉과 같습니다.

이미 설명한 '고객 가치'와 '이익' 단에서는 왼쪽부터 Who, What, How의 순서로 살펴보았지만, 이 과정의 단계에서는 오

〈자료 4-1〉 나인 셀의 '프로세스'는 오른쪽 'How'부터 차례로 생각한다

Who	What	How
⑨ 누구와 함께할 것인가?	⑧ 강점은 무엇인가?	⑦ 어떤 수순으로 할 것인가?
에어비앤비	넷플릭스	우버
'가치관을 공유하는 상대'	'가치 제공을 실현하는 자원'	'구입 후에도 계속되는 지원 체계'

프로세스

른쪽부터 순서대로 생각해가는 것이 포인트입니다. 왜냐하면 비즈니스 프로세스를 생각할 때는 어떤 순서(⑦ How)로 비즈니스를 움직이는지가 중요하고, 순서만 명확해지면 자연스럽게 그 순서를 실행에 옮기기 위해 어떤 강점(⑧ What)을 살려 '누구(⑨ Who)와 함께해야 하는지가 보이기 때문입니다. 즉, 나인 셀에서 프로세스를 검토할 때는 무엇보다 '순서'를 생각하는 것이 중요합니다.

기업의 '목표'는 고객에게는 '시작'

'순서'라고 하면 '사입 → 제조 → 유통 → 판매' 등의 업무 플로우를 생각하는 사람이 많지 않을까요. 물론 업무 플로우를 확인하는 것도 중요하지만, 그것만으로는 충분하지 않습니다.

왜냐하면 업무 플로우는 판매한 시점에서 매출이 일어나기 때문에 그곳이 목표가 되어버리기 때문입니다. 이것은 기업 쪽 입장으로, 고객의 입장에 서면 '판매 시점'은 '구입 시점'인 것은 명백합니다. 즉, 기업의 목표는 고객에게 있어서 시작에 지나지 않는 것입니다. Chapter 2에서도 언급했지만 어떤 비즈니스도 '고객이 얼마나 만족할 수 있을까?' 하는 시점부터 만들어가지 않으면 성공에 이를 수 없습니다.

당연히 비즈니스를 실행하는 순서도 고객이 상품을 사고 나서 버릴 때까지 〈자료 4-2〉를 통해 설명하자면, '용건 해결'에 이르기까지 얼마나 만족할 것인가를 염두에 두면서 구축해야 합니다.

고객 시점에서 비즈니스의 흐름을 만들다

여기서 고객 시점의 순서로 생각하는 법을 간단하게 설명하겠습니다. 〈자료 4-3〉을 봐주세요.

이것은 고객이 슈퍼마켓에 방문한 것을 상정해 상품의 구입 전, 구입 시, 구입 후로 나누고, 각각의 장면에서 고객에게 어떤 가치를 제안할 수 있는지를 보여주고 있습니다. 고객은 어떤 상품이나 서비스를 구입하기 전에는 불편을 느끼는 등의 무언가 용건을 갖고 있습니다.

슈퍼마켓을 예로 들면, 고객이 '심야까지 열려 있다'라는 것을 중시하고 있는지, '풍부한 상품 갖추기'를 중시하고 있는지, 기업 측이 어필할 수 있는 것이 입지인지, 또는 점포 내 매장 배치인지가 보이게 됩니다. 동시에 어떤 광고를 해야 가장 어필할 수 있는지도 깨닫게 됩니다.

〈자료 4-3〉 **고객의 구입 전, 구입 시, 구입 후에 무엇을 할 수 있는가?**

	구입 전		구입 시	구입 후		
고객	문제인식	해결 방법을 좁힌다.	구입	사용	용건 해결	재방문
기업	광고	점포 입지, 점내 레이아웃	접객, 회계	사용 장면, 이미지, POP	세트 판매 추천	다이렉트 메일

※ 파란색 부분은 자사에서 행하고 있는 것, 회색 부분은 타사에 부탁하고 있는 것입니다.

이처럼 상품의 구입 전, 구입 시, 구입 후에 고객이 어떠한 생각을 하고 있는지를 살펴 기업 측이 무엇을 할 수 있을지를 생각하는 것이 고객 시점에서 비즈니스의 흐름을 파악하는 기본이 됩니다.

자사의 '강점'과 '약점'을 파악한다

고객 시점으로 비즈니스의 순서가 굳어지면 자사의 강점(⑧ What)이 보이게 됩니다. 슈퍼마켓을 예로 들어 말하면, 고객이 '늦게까지 열어주면 좋은데'라는 용건을 밝히면, 자연스럽게 '다른 슈퍼마켓에 비해 영업시간이 길다'라고 하는 특징이 강점이 된다는 것을 알 수 있습니다.

'강점'이 있다면 기업으로서는 철저하게 그 점을 어필해야 합니다. 예를 들어, 밤늦게 오는 손님도 기분 좋게 장을 볼 수 있도록 조명을 밝게 하는 등의 방법이 있을 것입니다. 다만 '강점'이 있으면 '약점'도 있기에, 광고·마케팅 등 '주력 외'의 일을 자칫 스스로 하려고 하면 거기에 '약점'이 생기게 됩니다. 이때 '약점'을 커버하는 데 효과적인 것이 외부 리소스 활용, 즉 '프로세스'의 ⑨ Who(누구와 함께?)입니다. 자신들은 잘하는 업무에 집중하고 자신들의 힘에 부치는 업무는 외부 전문가들에게 맡기는 편이 효율적으로 비즈니스를 할 수 있습니다.

이처럼 나인 셀의 '프로세스'의 단계에서는 우선은 ⑦ How(어떤 순서?)부터 생각함으로써 스스로의 강점(⑧ What)을 판별하고, '약점'을 커버하기 위해서 ⑨ Who(누구와 함께?)를 검토하는 것으로 보다 현실적이고 합리적으로 비즈니스를 움직여갈 준비를 하는 것입니다.

여기서부터는 탁월한 '프로세스'로 큰 성공을 거둔 스타트업인 우버, 넷플릭스, 에어비앤비, 3사의 사례를 소개하겠습니다. 모두 고객 시점에서 생각한 상품이나 서비스가 참신하고 그것을 프로세스에 넣어서 실천과 수정을 반복하며 현재 진행형으로 비즈니스를 계속 구축하고 있습니다.

고객의 '곤란했던 일'을
단숨에 해결

여러분이 택시를 부르는 경우는 어떤 때인가요? 트렁크 같은 무거운 짐이 있을 때나 연로하신 부모님이나 조부모님을 병원에 모시고 갈 때 등 미리 택시를 탈 예정이 있는 경우도 있고, 약속에 늦을 뻔했다거나 갑자기 비가 왔을 때처럼 택시를 탈 예정은 없었지만 급하게 필요한 경우도 있습니다.

전자라면, 전날까지 택시의 픽업 서비스를 이용하면 충분합니다. 하지만 문제는 후자입니다. '지금 당장' 타고 싶은데 장소나 시간대에 따라서는 빈 택시가 거의 잡히지 않기 때문입니다. 택시가 잡히지 않는 경우, 처음의 10분은 20분으로도, 30분으로도 느껴지지만, 그렇다고 다른 수단은 없기 때문에 어찌할 바를 모르겠고 막막합니다.

바로 여기에 착안한 것이 우버입니다. 손님이 '곤란했던 것', '곤란했지만 원래 그런 거다'라고 생각하고 '참고 있던 것'을 단번에 해결했습니다. 이것은 해외도 마찬가지로, 예를 들어 프랑스 파리에서는 공항이나 호텔 등 주요 시설에서는 택시가 대기하고 있지만, 지나가는 택시 수는 상당히 적어서 택시를 잡는 것이 어렵다고 합니다. 실제로 우버의 CEO도 2008년 2월, 파리에서 열린 회의에 참석했을 때, 택시를 잡지 못했습니다. 평소에도 택시가 잘 잡히지 않는 파리에서 여럿이 모이는 시기에 택시를 잡는 것은 더더욱 어려웠을 것입니다. 이때 하게 된 '휴대폰 버튼을 누르기만 하면 택시가 와줬으면 좋겠는데…' 하는 간절한 생각이 우버의 창업과 연결된 것입니다.

우버가 순식간에 시장을 석권한 것은 어떻게 보면 그만큼 많은 고객들이 안고 있던 문제를 깨달았다는 것이 됩니다. 그것이 결과적으로 새로운 교통 시스템을 만들게 된 것입니다. 심지어 이것은 세계적 규모로 진행되어 불과 5년여 만에 일본을 포함한 세계 58개국 300개 도시(2015년 5월 현재)에서 비즈니스를 전개할 정도로 급성장했습니다.

순서를 풀어갈수록 우버의 '고객 시선'이 떠오른다!

〈자료 4-4〉를 봐주세요. 이것은 나인 셀 프로세스의 ⑦ How 부분을 나타낸 것입니다. 우버 서비스를 고객이 사용하기 전(구입 전), 사용할 때(구입 시), 사용한 후(구입 후)로 나누어서 각 장면에서 이 회사가 무엇을 했는지를 나타내고 있습니다.

〈자료 4-4〉 **우버의 프로세스를 풀어본다**

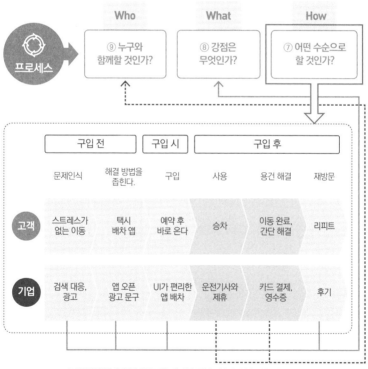

※ 파란색 부분은 자사에서 행하고 있는 것, 회색 부분은 타사에 부탁하고 있는 것입니다.

하단에 뻗어 있는 파란색 선과 점선은 각각 프로세스의 What 과 Who에 연결되어 있습니다. 파란색 선은 우버의 ⑧ '강점'이 되는 것, 점선은 ⑨ '누구'와 함께할 것인가를 나타내고 있습니다. 바꾸어 말하면, 파란색 선은 자사에서 실시하고, 점선은 타사에 부탁하고 있는 부분입니다.

【구입 전】 고객이 서비스를 이용하기 전

〈자료 4-4〉에 있는 '구입 전'을 봐주십시오. 손님은 택시가 좀처럼 잡히지 않아 '스마트폰의 버튼 하나로 바로 택시가 와준다면…'이라고 하는 잠재적인 용건을 안고 있었습니다(〈자료 4-4〉 '문제 인식', '해결 방법을 좁힌다').

이것을 해결한 게 우버입니다. 스마트폰에서 무료 앱을 다운로드해서 개인정보를 등록하면, 바로 사용할 수 있는 시스템을 도입한 것입니다(서비스를 개시한 2010년 당시는 웹에서만 등록).

앱을 다운로드해서 이메일, 주소, 이름, 전화번호나 신용카드 번호 등 개인정보를 입력하면, 바로 사용할 수 있습니다. 귀찮은 느낌 없이, 사용법이 굉장히 간단합니다.

서비스 제공 영역에서 앱을 실행하면 스마트폰의 GPS(위치 정보 기능)가 연동되어 기동하며, 현재 있는 곳의 지도가 표시됩니다. 나머지는 지도에서 승차할 장소와 목적지를 지정하고, 전세 차량이나 택시 등 4가지 종류에서 좋아하는 차를 선택하기만 하면 됩니다. 목적지에 도착했을 때는 지불 없이 하차할 수 있기 때문에 매우 편리합니다. 미리 신용카드를 등록했기 때문에 그 자리에서 신용카드를 줄 필요조차 없습니다.

　매우 세련된 시스템으로 편리한 서비스이지만, 아무리 좋은 서비스라도 널리 존재를 알려야 의미가 있습니다. 광고 비용은 어떻게 감당하고 있을까요? 우버는 주로 택시 운전사로부터 승차 요금의 5~20%를 징수하고, 그 일부를 광고비로 충당합니다(〈자료 4-4〉 검색 대응, 광고).

　광고의 좋은 점은 캐치프레이즈에도 나타나 있습니다(〈자료 4-4〉 '앱 오픈 광고 문구') 우버 앱을 시작하면 일본 버전에는 우버 로고 아래에 '여러분의 전속 운전기사'라고 쓰여 있습니다. 이는 우버의 장점을 한마디로 표현한 것입니다. 즉 자신이 있는 장소에, 대응을 잘하는 운전기사가 탄 택시가 바로 와서 목적지까지 데려다준다는 것입니다. 그야말로 전속 운전기사가 있는 것 같은 쾌적함입니다.

【구입 시】**고객이 서비스를 구매할 때**
　〈자료 4-4〉의 '구입 시'를 봐주세요. 고객이 우버 서비스를 구입하는 것은 앱을 시작해서 택시를 부를 때입니다. '차량 부르기' 버튼을 누르면, 미리 등록된 신용카드 결제에 동의하게 됩니다. 승차를 취소하지 않는 한 이 시점에서 '구매'가 성립되었다고 생각할 수 있습니다.

우버 앱은 다음과 같은 장점이 있습니다(〈자료 4-4〉 'UI가 편리한 앱 배차').

- 앱 조작성이 좋다. 몇 번 화면을 터치하면 예약이 완료되어 간편하다.
- 전세 차량, 택시, 고급 기종의 택시 등 4개 등급 중에서 선택할 수 있다.
- 몇 분 만에 택시가 도착하는지 미리 알 수 있다. 내가 부른 택시가 지금 어디쯤 오는지 알 수 있다.
- 운전기사 평가제도가 있어 근처에 택시가 여러 대 있는 경우, 가장 평가가 높은 운전기사를 선택할 수 있다.
- 이동 거리를 대략 알 수 있다.
- 금액이 얼마나 나오는지를 사전에 알 수 있다.

고객이 택시에 요구하고 있는 것, 잠재적으로 안고 있던 문제(용건)를 모두 포함시켜 그것을 굉장히 심플하게 사용할 수 있도록 앱에 적용시켰습니다. 이것은 이 회사의 큰 무기가 되고 있습니다. 또한, 인터페이스가 세계 공통이므로 우버가 서비스를 제공하고 있는 나라나 지역이라면 일본어 앱을 그대로 이용할 수 있습니다. 잘 못하는 언어를 쓰는 나라를 방문했을 경우, 숙소 호텔을 목적지로 지정해서 택시를 부르면 운전기사와 한마디의 대화를 하지 않아도 호텔에 도착할 수 있는 것입니다.

이 정도로 고객 시점의 UI가 철저한 서비스는 그리 많지 않습니다. 이것도 우버가 단기간에 비약한 큰 요인 중 하나입니다.

【구입 후】 고객이 서비스를 구입한 후

마지막으로 〈자료 4-4〉의 '구입 후'를 봐주세요. 고객의 우버의 서비스 체험은 '택시를 타고 목적지에서 내릴 때까지'입니다(자료 4-4. '승차', '이동 완료'). 손님에게는 '택시를 부르고 싶을 때 바로 와줄 것'이 절대 조건이기 때문에 어느 정도의 인원이 없으면 성립되지 않는 비즈니스입니다.

이 점도 우버는 내다보고 있었습니다. 이 회사는 운전기사나 차량을 공급하는 회사가 아닌, 어디까지나 손님과 택시 중개업자의 입장입니다. 자사에서 운전기사를 가질 수 없기 때문에 설비 투자나 인재 육성에 돈을 들이지 않고, 프로의 운전기사와 계약만 할 수 있으면 곧바로 사업을 시작할 수 있었습니다. 다시 말해, 다른 사람의 샅바를 가지고 씨름을 하는 것과 같으니 순식간에 택시 대수가 늘어나 급성장할 수 있었습니다(〈자료 4-4〉 '운전기사와 제휴').

게다가 우버는 중간에 프로 운전기사가 아닌 일반 운전기사가 자가용을 운전해 승객을 목적지까지 데려다주는 '우버 X'라고 하는 서비스도 시작했습니다(일본에서는 현시점에서는 이용할 수 없습니다). 이른바 불법 영업차인데, 이로 인해 미국에서는 평일에는 직장인, 주말에만 운전기사로 일하는 사람도 늘었습니다. '우버 X'는 운전자 자신이 자유롭게 요금 설정을 할 수 있으므로 택시보다 30~50% 정도 쌀 수 있다는 점에서 고객에게 호평입니다.

덧붙여서 '우버 X'는 라이드 셰어링도 채용하고 있습니다. 지금 있는 장소에서 같은 방향으로 가고 싶은 사람끼리 앱상에서 연결되어 합승할 수 있는 구조이므로, 동승자가 많을수록 저렴합니다. 이 시점에서 마침내 우버는 자사에 등록하는 운전기사를 택시나 전세 차량를 운전하는 프로만이 아니라 '차를 가지고 있는 사람'까지 확대한 것입니다.

고객 측에서도 전세 차량, 택시, 요금이 싼 불법 영업 차량 등 선택의 폭이 늘어나는 장점이 있습니다. 드라이버의 수가 증가하면 고객에게 있어서는 '보다 택시가 잘 잡히게 되는' 장점으로 연결되고, 우버에 있어서는 중개 수수료분의 수입이 증가하는 것으로 직결됩니다. 양쪽 모두 윈-윈 구조입니다. 또한, 운전기사에게도 지금까지의 택시 회사의 중개 수수료보다 우버가 저렴하기 때문에 수입 증가로 이어지는 경우가 많아집니다.

　결제 시의 번거로움이 일절 없는 것도 혁신적입니다. 지금까지 설명한 것처럼, 미리 등록한 신용카드로 청구되기 때문에 고객은 목적지에 도착하면 지불하지 않고 바로 하차하면 됩니다(〈자료 4-4〉 '카드 결제'). 고객의 메일에는 이동한 거리와 요금이 명기된 영수증이 도착하기 때문에 운전기사는 일부러 멀리 우회해서, 그만큼 돈을 버는 것은 할 수 없습니다(〈자료 4-4〉 '영수증'). 해외여행 시에 현지에서 우버를 사용하는 경우에는 번거롭게 팁을 계산하지 않아도 되는 것도 큰 장점입니다.

　우버는 이용자로부터 '또 사용하고 싶다'라고 하는 의견이 많아 리피트율은 꽤 높다고 예측할 수 있습니(〈자료 4-4〉 '리피트'). 그 최대 이유는 운전기사의 접객 태도입니다. 우버의 운전기사는 승차한 고객에게 5단계 평가를 받게 되는데, 보통 4.6을 넘어섭니다. 필연적으로 좋은 서비스를 하고자 의식하게 되며, 이로 인해 '일반 택시 운전사보다 단연 접객 정도가 좋다'라는 평가로 이어집니다. 우버 택시를 타면 시원한 생수를 전달해주는 서비스도 있습니다(〈자료 4-4〉 '후기').

손끝 조작으로 '고객 가치'를 단번에 실현

지금까지 우버의 '프로세스' 중에서도 ⑦ How에 대해 자세하게 살펴보았습니다. '고객이 택시에 대해 잠재적으로 안고 있던 용건을 어떻게 해결할 것인가?' 그것을 생각하면서 플로우을 만들어나가면 비즈니스의 기동력도 높아집니다.

그럼, 〈자료 4-5〉를 통해 우버의 비즈니스 전체를 나인 셀로 살펴보면 어떻게 되는지 확인해보겠습니다.

승차 전 택시의 배차 및 운전자 선정, 승차 시 캐시리스 시스템, 하차 후 운전자의 평가에 이르기까지 이 모든 절차를 뛰어난 UI하에 앱 조작만으로 모두 완료할 수 있습니다. 이 부분은 '프로세스'의 '⑦ How(어떤 순서?)'나 '⑧ What(강점은 무엇?)'에 해당됩니다.

또한, 우버는 자기 부담으로 운전기사를 공급하는 것이 아닌, 고객과 운전기사를 연결하는 역할에만 충실함으로써 비약적으로 업적을 신장시켰습니다. 이는 바로 '⑨ Who(누구와 함께)'에 해당합니다. 서비스를 처음 개시할 때는 프로 운전기사와 함께했고, 자사의 존재가 알려지기 시작했을 무렵부터 자동차를 소유하고 있는 일반 운전기사와도 함께함으로써 교통 인프라를 정비하고 있습니다.

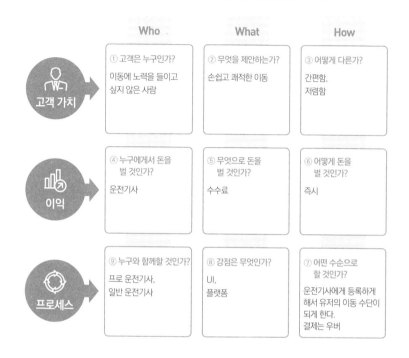

〈자료 4-5〉 우버의 비즈니스 전체를 나인 셀에서 확인

	Who	What	How
고객 가치	① 고객은 누구인가? 이동에 노력을 들이고 싶지 않은 사람	② 무엇을 제안하는가? 손쉽고 쾌적한 이동	③ 어떻게 다른가? 간편함, 저렴함
이익	④ 누구에게서 돈을 벌 것인가? 운전기사	⑤ 무엇으로 돈을 벌 것인가? 수수료	⑥ 어떻게 돈을 벌 것인가? 즉시
프로세스	⑨ 누구와 함께할 것인가? 프로 운전기사, 일반 운전기사	⑧ 강점은 무엇인가? UI, 플랫폼	⑦ 어떤 수순으로 할 것인가? 운전기사에게 등록하게 해서 유저의 이동 수단이 되게 한다. 결제는 우버

이러한 ⑦, ⑧, ⑨의 프로세스는 철저한 고객 시점에서 구축되어 있습니다. '스마트폰 버튼 하나로 바로 택시가 와주었으면…' 하는 고객이 잠재적으로 곤란해하고 있던 용건을 고객의 손가락 조작으로 단번에 해치웠습니다. 이것이 나인 셀 상단 '고객 가치'의 Who, What, How에도 연결됩니다.

고객 가치를 기초로, ⑦의 순서에 넣습니다. 그런 다음 ⑧의 장점을 찾아내고, ⑨ 외부에 맡겨야 할 것은 맡깁니다. 이것이 '프로세스'의 기본적인 생각이 됩니다.

무인 자동차로 사람도, 물건도 운반 – 우버의 놀라운 미래상

'이익'의 면에서 보면, 우버의 비즈니스에는 어떠한 특징이 있을까요? 나인 셀의 ④ How(누구에게서 돈을 벌 것인가?), ⑤ What(무엇으로 돈을 벌 것인가?), ⑥ How(어떻게 돈을 벌 것인가?)를 봐주세요. 우버의 주 수입원은 운전기사에게 징수하는 5~20%의 수수료입니다. 웹사이트나 앱을 플랫폼으로 구축되는 비즈니스의 대부분이 불안정한 광고 수입에 의지하지 않을 수 없는 상황에서 확실한 수입을 전망할 수 있는 데는 큰 의미가 있다고 말할 수 있습니다.

최근 몇 년 동안, 우버는 실리콘 밸리의 투자가 등으로부터 풍부한 자금을 조달하는 데 성공해 회사의 평가액은 500억 달러를 웃도는 것으로 알려져 있습니다. 이처럼 스타트업으로서 파격적인 평가를 받는 이유는 안정적인 수입에만 있는 것은 아닙니다. 현재 전개하고 있는 비즈니스의 미래에 혁신적인 이노베이션을 엿볼 수 있기 때문에 이 회사에 대한 기대가 커지고 있습니다.

그것은 예를 들면, 사람뿐만이 아니라 물건을 옮기는 역할도 담당하는 것입니다. 이것이 새로운 사회 인프라를 구축할 정도의 파워를 가지고 있는 것은 아닐까 기대되고 있습니다. 이러한 서비스는 이미 실험 단계입니다. 2015년 7월 하순, 우버는 1일 한정으로 'Uber Ice Cream'이라는 이벤트를 일본을 포함한 세계 5개국 254개 도시에서 개최했습니다. 우버 앱에 아이스크림 판매 차량을 부르는 기능을 탑재하고 3,000엔 전후(약 5인분)의 아이스크림을 주문하면, 학교나 회사 근처 도로에 아이스크림 판매 차량이 와주는 것이었습니다.

'사람뿐만 아니라 물건의 운반'은 장래에는 '무인 자동차'에 맡긴다는 것이 우버의 장대한 플랜입니다. 이것 역시 카네기 멜런 대학과 제휴해 연구 개발을 실시하거나 구글의 벤처 캐피털 부문인 구글 벤처스로부터 출자를 받는 등 실현화를 향해서 순조롭게 포석을 마련하는 단계입니다.

앱에서 택시를 호출하면 무인 자동차가 사람을 실어 나르고, 제품을 주문하면, 원하는 장소와 시간에 무인 자동차가 물건을 가져다줍니다. 그러한 사회 인프라의 구축이 꿈같은 이야기가 아닌, 가까운 장래에 실현될지도 모릅니다. 그런 기대가 우버라는 기업의 평가를 여기까지 끌어올리고 있는 것입니다.

그러나 한편으로 다양한 과제에 직면하고 있기도 합니다. 어느 나라, 또는 어느 지역에서든 택시업계는 오랜 세월 기득권이 있었기 때문에 갑자기 진입한 우버에 대한 저항감은 뿌리 깊습니다. 프랑스나 이탈리아를 비롯한 세계 각국에서 반대 운동이 일어나고 있으며, 일본에서도 현 단계에서는 도쿄의 극히 일부밖에 서비스 제공이 되고 있지 않습니다. 일반 운전기사가 운전할 수 있는 '우버 X'를 도입하고 있는 나라에서는 '승객의 안전성이 어디까지 확보되는가' 하는 점도 과제가 되고 있습니다.

그러나 그런 리스크를 능가할 정도의 기대를 짊어지고, 세계의 물류를 크게 바꿀 가능성을 지니고 있습니다. 그렇기에 우버는 전 세계로부터 계속 주목받고 있습니다.

시대에 맞게 '프로세스'를 바꾸면서 '고객 가치' 실현

2015년 9월, 미국의 인터넷 영상 배급 대기업인 넷플릭스가 일본 내에서 서비스를 시작했습니다. 인터넷 영상 배급 부분에서 일본에서는 2011년에 Hulu가 한발 앞서 서비스를 개시했습니다. 현 단계에서는 일본의 넷플릭스 콘텐츠 수는 Hulu에 미치지 못하지만, 넷플릭스의 등장은 동영상 콘텐츠 비즈니스, 아니 TV업계와 영화산업까지도 일변시킬 가능성을 내포하고 있습니다.

그것이 어떤 것인지 나인 셀에서 살펴보면, 이 회사의 전략과 강점이 보입니다. 사실 넷플릭스 창업은 1997년, 지금으로부터 25년 전입니다. 처음에는 택배 DVD 서비스에서 출발했지만, 10년 후인 2007년에 인터넷 영상 배포 서비스에 진출해 여기서 두각을 나타냅니다. DVD에서 인터넷로 넘어가는 전환기에 재빨리 이를 포착해서 그로부터 8년여 만에 세계 50개국 이상 6,500만 명이 넘는 회원에게 서비스를 제공하는 글로벌 기업으로 급성장했습니다. 그야말로 스타트업만의 기세입니다.

이 회사는 택배 DVD를 처음 시작할 때부터 '외로움과 무료함을 없애는 회사'를 목표로 했습니다. 이것은 고객의 '왠지 영화나 텔레비전 드라마를 보고 싶다'라는 용건에 대한 명확한 대답입니다. 게다가 그 용건을 택배 DVD에서 인터넷 영상 배포로 시대에 맞추어 프로세스를 바꿈으로써 계속 해결하고 있습니다.

'연체 요금'의 불만을 해결하기 위해 비즈니스 시작

이 회사는 창업 이후 10년간 택배 DVD가 수익의 기둥이었습니다. 창업자 리드 헤이스팅스(Wilmot Reed Hastings Jr.)는 비디오 대여점에서 빌린 DVD 연체료가 40달러나 나오자 화가 나택배 DVD라는 사업을 떠올리고는 사업을 시작합니다. 자신이 불합리하다고 생각한 것을 개선하고 싶다는 마음이, 곧 고객의 문제(용건)를 해결하기 위한 사업으로 연결된 것입니다.

그것을 나타낸 것이 〈자료 4-6〉입니다. 택배 DVD 서비스를 시작했을 때, 고객의 구매 흐름(상단)과 그에 대해 기업(넷플릭

〈자료 4-6〉 **사업 시작 당시 넷플릭스의 '구입 전', '구입 시', '구입 후'**

구입 전		구입 시	구입 후		
문제 인식	해결방법을 좁힌다	구입	사용	용건 해결	재방문
고객 왠지 영화나 드라마를 보고 싶다	집에 있으면서 렌탈 DVD	선택·구입	DVD 도착, 고화질 영화	간편한 생활 속 영화, DVD 반송	다음에는 무엇을 보면 좋을까?
기업 검색 대응, 광고	HP 전개	UI 양호, HP 종류의 풍부	콘텐츠 폴더의 제품, 갈 때 배송	정액 요금, 올때 배송, 연체 요금 없음	추천과 리뷰

※ 파란색 부분은 자사에서 행하고 있는 것, 회색 부분은 타사에 부탁하고 있는 것입니다.

스)이 한 일(하단)을 정리했습니다. 1997년 당시, 영화 DVD를 빌리려면 근처의 비디오 대여점에 가야 했습니다. 그중에서도 큰 점유율을 쥐고 있던 것이 블록버스터입니다. 이는 일본의 츠타야 같은 존재였습니다. 하지만 비디오 대여점은 헤이스팅스가 진저리를 친 것처럼 깜빡 잊고 반납하는 것을 잊으면 연체료가 붙는다는 불편함이 있었습니다. 국토가 넓은 미국에서는 교외의 자택에서 비디오 대여점까지 차로 한참 달려야 하기 때문에 불편을 겪는 사람이 적지 않았습니다.

그러한 유저를 향해서 넷플릭스는 '택배 DVD'라는 콘셉트를 내걸고, 인터넷 통신 판매가 아닌 인터넷 렌탈을 시작했습니다.

1997년이라면 일본에서는 라쿠텐 시장이 오픈했던 해입니다. 확실히 인터넷 여명기에 라쿠텐과 마찬가지로 넷플릭스도 디지털의 가능성을 발견하고 있었습니다. 라쿠텐은 인터넷 통신 판매, 넷플릭스는 인터넷 렌탈로, 성공하는 스타트업은 착안점이 뛰어나고 테크놀로지를 능숙하게, 그것도 재빨리 도입하는 공통점이 있다고 할 수 있습니다.

넷플릭스의 다음 전환기는 2007년이었습니다. 그것이 인터넷 영상 배포의 시작이었습니다. DVD에서 스트리밍으로, 그 플로우가 어떻게 변했는지를 나타낸 게 〈자료 4-7〉입니다.

나인 셀의 프로세스를 발췌해서 그중 ⑦ How(어떤 순서?)의 내역을 나타내고 있습니다. 2007년 당시에는 고객 스스로도 아직 인터넷으로 영화나 드라마 등의 동영상을 볼 필요를 느끼지 않았던 때입니다. 컴퓨터도 인터넷도 어렵지 않게 쓸 수 있었지만, 영화는 DVD로, TV는 케이블 TV를 보는 사람이 많았습니다. 유튜브는 이미 있었지만, 그것은 몇 분 정도의 동영상을 보는 것으로 구분해서 쓰고 있었습니다.

그러나 헤이스팅스는 장래를 내다보았을 때 과거, 라디오 방송국의 대부분이 TV 방송국이 된 것처럼 언젠가 TV 방송국의 대부분이 인터넷으로 옮겨갈 것이라고 확신하고 있었습니다.

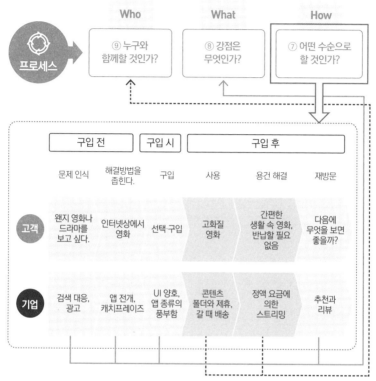

〈자료 4-7〉 인터넷 렌탈 사업 진입 후의 '프로세스'의 내역

	Who	What	How
프로세스	⑨ 누구와 함께할 것인가?	⑧ 강점은 무엇인가?	⑦ 어떤 수순으로 할 것인가?

	구입 전		구입 시	구입 후		
	문제 인식	해결방법을 좁힌다.	구입	사용	용건 해결	재방문
고객	왠지 영화나 드라마를 보고 싶다.	인터넷상에서 영화	선택·구입	고화질 영화	간편한 생활 속 영화, 반납할 필요 없음	다음에 무엇을 보면 좋을까?
기업	검색 대응, 광고	앱 전개, 캐치프레이즈	UI 양호, 앱 종류의 풍부함	콘텐츠 폴더와 제휴, 갈 때 배송	정액 요금에 의한 스트리밍	추천과 리뷰

※ 파란색 부분은 자사에서 행하고 있는 것, 회색 부분은 타사에 부탁하고 있는 것입니다.

인터넷이라는 묶음 속에서는 TV다, 영상이다, 영화다 하는 경계선은 별 의미가 없습니다. 그런 시대가 곧 다가오고 있다는 것을 느끼고 있었던 것입니다.

넷플릭스가 성공했다는 것은 헤이스팅스의 선견지명이 있었기 때문이지만, 그것만은 아닙니다. 택배 DVD를 시작했을 때도, 인터넷 영상 배달로 전환했을 때도, 고객이 접속하기 쉽고 등록하기 쉬운 목적의 상품이나 영상을 찾기 쉬운 사이트를 구축해서 UI를 철저하게 향상시켰습니다. 이러한 것을 즉시 착수할 수 있었던 것은 헤이스팅스가 테크놀로지에 강하고, 시스템에 밝았기 때문입니다. 나중에 다시 이야기하겠지만, 여기서 축적된 고객 정보는 빅데이터가 되어 보다 고객 사고의 상품 제안으로 연결됩니다.

'렌탈 비디오점의 연체 요금에 의문을 가졌다'라는 자신의 문제를 고객의 문제로 파악하고, 동시에 그것을 실현하는 방법까지 묘사되어 있었습니다. 막강한 비즈니스가 될 요소는 충분히 갖춰져 있었습니다. 이 회사의 존재가 해외에서도 인지되기 시작한 것은 인터넷 영상 전달을 개시하고 나서 3년 후인 2010년이었습니다. 첫 해외 진출지인 캐나다에서 사업을 시작하면서 예상보다 10배나 많은 등록자를 얻게 된 것입니다. 이것으로 글로벌화에 탄력이 붙어 라틴 아메리카, 카리브해 지역, 영국 등에 차례차례로 진출했습니다. 물론 그사이에 미국의 회원 수도 급증했습니다. 현재 넷플릭스 회원 수는 전 세계적으로 6,500만 명을 넘어섰습니다.

여담이지만, 넷플릭스가 비약적 성장을 이루었던 2010년에 기이하게도 오랜 세월 미국에서 사랑받아온 대기업 렌탈 체인인 블록버스터가 도산했습니다. 지금 돌아보면 한 시대가 끝나고 새로운 시대가 시작한 것이었다고 할 수 있습니다.

고객의 '빅데이터'를 콘텐츠 제작에도 활용

이제 넷플릭스의 비즈니스를 나인 셀의 전체도를 통해서도 만나보겠습니다. '고객 가치'의 ① Who(고객은 누구인가?)는 '막연히 재미있을 것 같은 영화나 TV를 보고 싶다'라고 생각하는 고객입니다. 그러한 고객에게 제안한 것(② What)은 '인터넷을 통해서 언제 어디서나 볼 수 있는 영상'입니다. 게다가 2011년부터는 자체 제작한 오리지널 콘텐츠도 배포해 명확하게 차이(③ How)를 내세우고 있습니다. 이를 통해 Hulu 등의 경쟁사들보다 한발 앞서게 되었습니다.

넷플릭스가 처음으로 제작한 백악관을 무대로 한 〈하우스 오브 카드〉는 인터넷 배포만 하는 드라마였습니다. 방송국도 아니고, 영화 제작사도 아닌, 인터넷 영상물 방송사가 만든 드라마라고 하면 '재미없을지도 몰라'라는 이미지가 먼저 떠오를지 모르지만 얕보면 안 됩니다. 감독은 〈세븐〉, 〈소셜 네트워크〉 등 여러 히트작을 낸 영화감독 데이비드 핀처(David Fincher)입니다. 주연은 인기 영화배우 케빈 스페이시(Kevin Spacey Fowler)입니다. 일본 돈으로 대략 120억 엔을 들여 제작되어 2013년에는 텔레비전계에서 권위 있는 '에미상'을 3개 부문에서 수상했습니다. 게다가 이 오리지널 콘텐츠는 넷플릭스가 그동안의 고객 데이터를 세밀하게 분석한 결과를 전부 활용해서 제작되었습니다.

〈하우스 오브 카드〉의 경우, '데이비드 핀처 좋아하는 사람들은 끝까지 시청할 가능성이 크다', '정치&스릴러를 좋아하는 사람들은 케빈 스페이시가 좋다' 등의 분석 결과와 시청자 예측을 바탕으로 제작한 것이라 놀라울 따름입니다. 이러한 고객 데이터 분석은 넷플릭스의 큰 특징 중 하나인 추천 기능에도 활용되고 있습니다.

배포하는 작품에는 장르, 캐스팅, 감독 외에 '즐겁다', '눈물난다' 등 그 작품의 특징을 나타내는 수만 종류의 키워드가 결합됩니다. 고객이 어떤 작품을 시청하면, 그 작품의 키워드는 데이터베이스로 축적되어 그것을 바탕으로 개개인의 고객에게 '추천'을 통해 작품을 제안하는 것입니다. 게다가 고객이 어떤 작품을 보았는지, 또는 보기 시작했지만 도중에 중지해버린 것 등도 데이터로서 기록되기 때문에 더욱 정밀도 높은 추천이 표시됩니다.

지금은 인터넷 쇼핑몰에서도 흔히 볼 수 있는 '추천 기능'이지만, 넷플릭스는 이 기능을 철저히 연마함으로써 방대한 빅데이터를 분석하고, 한편으로는 고객의 취향에 맞게 새로운 자체 콘텐츠를 만드는 데 활용하고 있습니다.

어떤 인터넷 환경에서도 끊기지 않는 고화질 영상이 강점

이 방대한 빅데이터는 나인 셀 하단의 '프로세스'에 의해서 유지되고 있습니다. 〈자료 4-8〉의 ⑧ What(강점은 무엇인가?)을 보세요. 넷플릭스는 영상을 배포하는 기반이 되는 UI, 시스템, 플랫폼이 뛰어난 것이 큰 장점입니다.

예를 들면, 시스템의 백엔드. 어떠한 인터넷 환경에서도 끊어지지 않고 고화질의 스트리밍 영상을 전달하는 구조를 구축하고 있기 때문에 고객은 세계 어디에서나 스트레스 없이 웹, 태

〈자료 4-8〉 **넷플릭스의 비즈니스 전체를 나인 셀로 확인**

	Who	What	How
고객 가치	① 고객은 누구인가? 막연하게 재미있을 것 같은 영화나 TV를 보고 싶다고 생각하는 사람	② 무엇을 제안하는가? 인터넷을 통해 언제든 어디서든 볼 수 있는 영상	③ 어떻게 다른가? 막강한 오리지널 콘텐츠
이익	④ 누구에게서 돈을 벌 것인가? 모든 유저	⑤ 무엇으로 돈을 벌 것인가? 콘텐츠 배포의 정액 요금	⑥ 어떻게 돈을 벌 것인가? 시간을 들여서
프로세스	⑨ 누구와 함께할 것인가? 대형 콘텐츠 폴더	⑧ 강점은 무엇인가? UI, 시스템, 플랫폼	⑦ 어떤 수순으로 할 것인가? 매력적인 오리지널 콘텐츠로 유도해서 시장에서 판매되는 콘텐츠를 열람, 추천에 의한 다음 작품 제안

블릿, 스마트폰에서 동영상을 시청할 수 있습니다.

이러한 '강점'을 전면적으로 활용해 서비스의 매력을 높이는 한편, 자사에서 해야 할 일과 하지 않는 일을 명확하게 하고 있는 점도 넷플릭스의 특징 중 하나입니다. 오리지널 콘텐츠로 '차이'를 낸다고 해도, 그 주된 역할은 새로운 유저를 유도하거나 재구매자를 정착시키는 것입니다. 함부로 오리지널 콘텐츠를 늘려 비용을 부풀리는 일은 하지 않고, 대부분의 콘텐츠는 영화사나 방송국에서 배급을 받고 있습니다. 또한, 아무리 견고한 플랫폼을 구축한다고 해도 회선이나 통신 서비스 영역까지는 손을 대지 않고, 그곳은 통신 회사나 인터넷 프로바이더에게 맡기고 있습니다.

이와 같은 점이 프로세스의 ⑦ How(순서)로부터 유도되는 ⑧ What(강점)과 그것을 보완하기 위해서 함께해야 할 ⑨ Who(누구)입니다.

극장 공개와 동시 배급을 실현해서 업계 관행을 바꾸는 존재로
2015년 9월에 일본에 진출한 넷플릭스는 해외와 같은 수준으로 보급될 수 있을까요? 그 가능성은 상당히 크다고 할 수 있습니다. 그 우위성은 '이익' 부분에서도 알 수 있습니다. ⑤ What의 수익원은 모든 유저(④ Who)로부터 징수하는 월 요금인데, 경쟁사에 충분히 대항할 수 있는 가격 수준으로 설정하고 있습니다. 넷플릭스의 일본 최저가 플랜의 월 요금은 약 700엔(세금 포함)입니다. Hulu가 약 1,000엔이기 때문에 단순히 비교하면 30% 정도 저렴합니다.

오리지널 콘텐츠에도 주력하며 '고객 가치'의 ③ How(차이)도 강조하고 있습니다. 예를 들면, 후지TV와 함께 〈테라스 하우스〉를 제작하거나 아쿠타가와상을 받은 마타요시 나오키(又吉直樹) 씨의 소설 《불꽃》의 영상화도 결정되어 있습니다.

'프로세스'의 ⑨ Who에서도 연구 성과를 볼 수 있습니다. 가전 기업 소니, 파나소닉 등과 제휴해 2015년 가을 이후에 발매되는 신형 텔레비전의 리모컨에는 '넷플릭스 버튼'이 탑재되어 있습니다. 이러한 것을 생각하는 것만으로도 미국과 같이 넷플릭스가 일본의 대표적인 영상 배포 서비스라고 불리는 날이 멀지 않았을지도 모릅니다.

그런데 넷플릭스가 2014년에 약 14억 엔에 배급권을 구입해서 개봉한 영화 〈비스트 오브 노 네이션(Beasts of No Nation)〉이라는 영화가 있습니다. 이 영화가 획기적인 것은 극장 개봉과 동시에 넷플릭스에서도 개봉했다는 것입니다.

통상적인 영화는 극장 개봉 후 3~6개월 후에 DVD화되거나 인터넷 배포된 후, 그 몇 달 후에 TV 지상파로 방영되는 것처럼, 미디어나 플랫폼에 따라 시차가 생깁니다. 이를 업계에서는 '윈도우 컨트롤'이라고 부르는데, 넷플릭스라는 새로운 기업의 대두로 인해 지금 이 관행이 번복되고 있는 것입니다.

대형 영화 배급사가 아닌 넷플릭스가 배급원이 되면, 기존 극장에서는 관객을 구하기 힘든 독립영화 등도 더 많은 고객이 시청할 기회가 늘어날 수 있습니다. 영화계나 엔터테인먼트 업계 전체에 있어서도 바람직한 움직임이라고 할 수 있지 않을까요.

'개인 집'을 호텔로 바꾸어
여행업계의 상식을 뒤엎는다

　모처럼 해외여행을 간다면 여행사에서 항공권과 세드로 따라오는 호텔의 좁은 방이 아니라 '더 넓은 방에 머물고 싶다', '좋은 입지의 좋은 곳에 머물고 싶다', '(지인만 있다면) 그 사람의 집에서 생활하는 것처럼 지내고 싶다'라는 사람들이 많습니다. 그런 여행자의 마음을 꽉 잡은 것이 에어비앤비입니다. 이 회사는 2008년에 샌프란시스코에서 창업했습니다.

　에어비앤비에서 제공하는 것은 전 세계 190개국 이상의 빈집과 빈방입니다. 포인트는 개인 집이라는 데 있습니다. 즉, 이 회사는 호텔이 아닌 개인 집에 주목하고, 인터넷상에서 임대자(호스트)와 세입자(게스트)를 매칭해 그 중개 수수료로 비즈니스를 하고 있는 것입니다. 사이트를 들여다보면 수영장이 딸린 오두

막집과 바다가 눈앞에 펼쳐진 초호화 저택 등 호텔과는 전혀 다른, '쾌적할 것 같고, 넓을 것 같고, 호화로울 것 같은' 방 사진이 즐비해 금방이라도 여행을 떠나고 싶어집니다.

'장기 부재중이라서 빌려주고 싶다', '투자할 겸 산 방을 효율적으로 활용하고 싶다'라는 호스트와 '멋진 방에 머물고 싶다'라는 게스트의 뜻을 하나로 합쳐, '있을 것 같으면서도 없었던' 비즈니스를 실현시켰습니다.

여행자의 잠재적인 불만을 해소하고 기대에 부응하다

여행을 떠난다면 누구나 '쾌적한 곳에 머물고' 싶어 하지만, 기존 호텔에 대해서 '숙박비가 비싸다', '방이 좁고 어둡다', '입지가 나쁘다' 등의 불만이 있는 사람이 많지 않나요? 그리고 '여행지에서 마치 살고 있는 것처럼 지낼 수 있으면…'이라는 소망을 품고 있는 사람도 적지 않다고 생각합니다. 그러한 여행자의 잠재적인 불만을 해소해 기대에 부응하려는 뜻을 비즈니스에 연결시킨 것이 에어비앤비입니다.

비즈니스의 구조는 단순합니다. 빈방을 보유하고 있는 임대자가 호스트로서 등록한 후, 방 사진 등을 올립니다. 그것을 본 고객이 예약하면 거래가 성립됩니다. 이 회사는 숙박료의 6~11%를 중개 수수료로 받습니다.

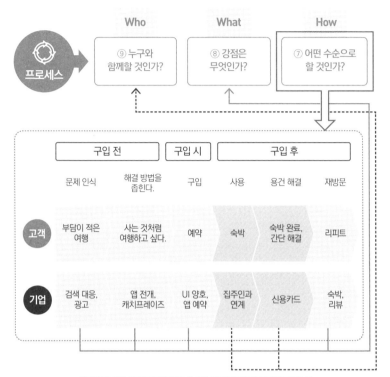

〈자료 4-9〉 **에어비앤비의 프로세스를 푼다**

		Who	What	How
프로세스		⑨ 누구와 함께할 것인가?	⑧ 강점은 무엇인가?	⑦ 어떤 수순으로 할 것인가?

		구입 전		구입 시	구입 후		
		문제 인식	해결 방법을 좁힌다.	구입	사용	용건 해결	재방문
고객		부담이 적은 여행	사는 것처럼 여행하고 싶다.	예약	숙박	숙박 완료, 간단 해결	리피트
기업		검색 대응, 광고	앱 전개, 캐치프레이즈	UI 양호, 앱 예약	집주인과 연계	신용카드	숙박, 리뷰

※ 파란색 부분은 자사에서 행하고 있는 것, 회색 부분은 타사에 부탁하고 있는 것입니다.

　에어비앤비 창업자 겸 CEO인 브라이언 체스키(Brian Chesky)는 샌프란시스코에서 디자인 회의가 개최되었을 때, 호텔이 꽉 차서 숙박하지 못하는 경험을 하게 되었습니다. 그때 '개인 집의 비어 있는 방이 있으면 그것을 빌려주면 되는 것 아니냐?'라는 생각이 문득 들어 사업을 시작하게 됩니다.

사실 저도 출장차 방문한 곳에서 때마침 무슨 행사나 페어를 개최하고 있어 주변 호텔들을 전혀 예약할 수가 없어 당황했던 경험이 있습니다. 그런 회사원들에 대해서도 에어비앤비는 해결책을 제시해주었습니다.

여기서 주목해야 할 것은 '개인 집'이라는 데 있습니다. 이것은 나인 셀의 프로세스에서는 ⑨ Who(누구와 함께할 것인가?)에 해당됩니다. 에어비앤비는 호텔도 여관도 아닌 '개인의 빈방'에 착안해 개인 임대인과 함께한 것입니다. '친정에 돌아갈 때, 몇 주간 정도 자신의 방이 비어 아깝다', '투자 물건을 효율적으로 운용하고 싶다' 등 빈 방 활용의 잠재 수요는 확실히 있었습니다. 하지만 지금까지는 '생면부지의 개인 집에 머물러도 괜찮을까?' 하는 불안이 앞서 본격적인 비즈니스로 보급되지는 않았습니다. 그 벽을 쉽게 뚫은 것이 '일단 해본다'라는 행동력이었습니다.

행동력으로 재빨리 비즈니스를 궤도에 오르게 하다

CEO인 브라이언 체스키는 에어비앤비의 핵심이 생각났을 때, 겨우 30분 만에 사이트를 오픈했습니다. 그는 "아무리 볼품없어도 처음에는 우선 만들어보는 것이 중요하다"라고 말했습니다. 생각나면 즉시 행동으로 옮겨야 합니다. 비즈니스의 아이디어만 좋다면, 이러한 적극적인 자세가 스타트업에 유리하게 작용할 것입니다.

참고로 브라이언 체스키는 창업자금을 마련하기 위해 당시 대통령 후보였던 오바마(Obama)나 매케인(McCain)을 캐릭터로 한 시리얼을 한 상자에 40달러에 팔아서 8,000개를 완판했다는 일화의 주인공이기도 합니다. 지금은 대형 호텔 체인을 능가할 정도로 높은 평가를 받는 에어비앤비지만, 처음 창업 초기에는 좀처럼 궤도에 오르지 못했습니다. 가장 큰 허들은 호스트를 늘리는 것이었습니다. 몇 번이나 시스템을 다시 만들어서 드디어 800명 정도의 호스트가 등록하게 되었지만, 이후 좀처럼 늘지 않았습니다.

이때, 스타트업 투자를 많이 하는 폴 그레이엄(Paul Graham)은 그에게 "고객을 획득하러 가야 한다"라고 조언을 했습니다. 이는 고객이 다가오는 것을 기다리는 것이 아니라 창업자 스스로가 고객이 있는 곳에 가야 할 필요성을 설명한 것입니다.

이후 체스키는 뉴욕의 개인 주택을 직접 돌면서 호스트를 늘려갑니다. 동시에 3개월 만에 사업을 흑자화하라는 명령을 받아 욕실 거울에 수익 그래프를 붙여놓고, 아침저녁마다 봤다고 합니다. 이후 우뇌파인 브라이언은 좌뇌도 의식적으로 활용하게 되어 비즈니스가 잘 돌아가기 시작했다고 합니다.

성공 열쇠는 '네트워크 오케스트레이션'

그런데 우버와 에어비앤비는 둘 다 파괴적인 이노베이션으로 스타트업 중에서도 특출나게 성공한 기업이지만, 실은 두 회사의 비즈니스 구조는 놀라울 정도로 비슷합니다. 둘 다 '네트워크 오케스트레이션'이라고 불리는 비즈니스입니다. 네트워크 오케스트레이션이란, 동업자나 협업자의 네트워크를 능숙하게 정리해 하나의 서비스를 만들어내는 것입니다.

우버나 에어비앤비도 스스로 상품이나 서비스가 있지는 않습니다. 우버는 '택시 운전기사', 에어비앤비는 '개인 주택의 임대인'과 함께 우버는 택시와 승객을, 에어비앤비는 임대자와 빌리는 사람을 연결시키고, 그 중개 수수료로 수익을 얻고 있습니다.

'UI가 뛰어난 조작성이 좋은 앱'이라고 하는 견고한 토대를 구축하고 있는 것도 같습니다. 숙박이나 택시 예약을 하고, 등록해놓은 신용카드로 결제하고, 이용 후에 어땠는지 평가하는 일련의 흐름을 앱으로 완결 짓고 있습니다. 이렇게 손쉽게 이용할 수 있는 조작성은 이용자를 늘리는 데 일조하고 있습니다.

마지막으로, 〈자료 4-10〉 에어비앤비 나인 셀의 전체를 살펴보겠습니다.

① 지금까지의 호텔에 불만이 있는 고객에게, ② 개인 주택을

제공함으로써, ③ 더 저렴하면서 마치 그곳에 사는 것처럼 지낼 수 있는 여행을 제안했습니다. 이것이 에어비앤비의 '고객 가치' 입니다. 이 고객 가치를 실현하고, ⑦ 비즈니스를 움직이기 위해, ⑧ UI에 뛰어난 조작성이 좋은 앱을 강점으로 여행자(게스트)를 모으는 한편, ⑨ 빈방을 소유하고 있는 개인(호스트)을 조직해 숙박 기회를 늘려, ④ 호스트로부터의, ⑤ 중개 수수료를 ⑥ 즉시 받음으로써 '이익'을 쌓아 올리고 있습니다.

〈자료 4-10〉 **에어비앤비의 비즈니스 전체를 나인 셀로 확인**

고객 시점에서
'프로세스'의 이노베이션을!

　어떻게 비즈니스를 움직일 것인가? 이 장에서 소개한 우버, 넷플릭스, 에어비앤비를 비롯한 스타트업 회사들이 성공하려면 이 '프로세스'의 사고가 꼭 필요합니다. 있는 그대로의 열정을 쏟아낼 수 있는 '고객 가치'의 제안은 설레입니다. 과금 포인트를 고안해 '이익'을 설계하는 작업도 꿈이 있어 즐겁습니다.

　그러나 세상을 상대로 하는 비즈니스이기 때문에 꿈만으로는 성공할 수 없습니다. 꿈에 의지하지 않고 실현할 수 있는 원동력이 되는 것이 '프로세스'입니다. 유망한 아이디어를 가지고 스스로 창업하려고 하는 의지가 있는 사람들은 일본에도 적지 않지만, 유감스럽게도 프로세스의 개념이 결여되어 있기 때문에 좀처럼 비즈니스를 시작할 수 없는 실정입니다.

나인 셀에서 비즈니스의 프로세스를 검토할 때는 우선 ⑦ How(어떤 수순으로 할 것인가?)부터 생각해나갑니다. 이때 유념해야 하는 것이 기업 시선으로만 절차를 생각하면 실패한다는 것입니다. 비즈니스는 어떠한 경우에도 어디까지나 고객 중심입니다. 다시 말해, 순서를 생각할 때도 고객의 용건을 생각해 그것을 해결하고, 또 계속하기 위한 활동에 주목하는 것이 무엇보다 중요합니다. 그리고 그 일련의 활동에 집중해서 기업 활동을 구축해나갑니다. 이것이 지금까지의 밸류체인이나 업무 플로우와 크게 다른 특징입니다.

⑦ How(어떤 수순으로 할 것인가?)가 굳혀지면 다음으로 ⑧ What(강점은 무엇인가?)을 생각합니다. 여기서 말하는 '강점'은 순서를 실행에 옮겨 비즈니스를 움직여갈 때 '자신이 해야 할 일, 또는 자신에게 우위성이 있는 부분을 찾아낸다'라고 바꿔 말해도 좋을 것입니다. 이는 우버나 에어비앤비의 예에서는 사용하기 편리한 앱, 넷플릭스의 예에서는 질 높은 영상 배포 시스템이라고 하는 요소입니다.

'강점'이 파악되었다면, 이번에는 ⑨ Who로 넘어가겠습니다. 비즈니스의 순서 중에서 스스로 해서는 안 되는 부분, 즉 '약점'을 보충해줄 만한 상대를 찾아내는 작업입니다.

경영 기반이 취약한 스타트업에서는 이 '모든 것을 내가 하지 않겠다'라는 자세가 중요합니다. 지금은 대기업에서도 핵심 업무 이외에는 가능한 한 아웃소싱에 돌리는 것이 당연하기 때문에 소규모 기업이라면 더욱 '누군가에게 잘 맡긴다'라는 것을 생각하지 않으면 안 됩니다.

이때 실수하기 쉬운 것이 바로, 쉽게 제압할 수 있는 상대와 엮으려고 하는 것입니다. 자사의 고객 가치 제안을 제대로 이해하고, 실행에 도움을 줄 수 있는 상대를 선택해야 결과적으로 비즈니스가 잘 돌아갑니다. 최선의 가치 제안을 목표로 해서 비용 효율보다 우선은 효과, 즉 고객 만족을 우선시해 팀을 구성해야 합니다.

프로덕트의 가치 향상을 생각하면 서로 발전할 수 있는 상대와 함께하고 싶지만, 예산의 제약도 있기 때문에 처음에는 그다지 욕심을 부리지 않는 것이 좋습니다. 상품이나 서비스가 좋은 평판을 받으면, 머지않아 그러한 상대와도 인연이 되어 함께할 수 있을 것입니다.

'프로세스'가
스타트업의 명암을 가르다

또 하나 '프로세스'에 대해 언급해두고 싶은 것이 지금부터 사업을 시작하려고 하는 스타트업에 있어서 '프로세스'야말로 비약할 수 있는 요소라는 것입니다.

스타트업의 정의는 '짧은 시간 내에 급격한 성장을 위해 새로운 비즈니스 모델을 고안해 일확천금을 꿈꾸는 회사'입니다. 대기업이나 중소기업과 다른 점은 자산이 거의 없는 상태에서 사업을 시작한다는 것입니다. 재무제표의 자산뿐만 아니라 인력과 경험 노하우도 부족한 상태에서 출발해야 합니다. 그런 회사가 비약적인 성장을 이루기 위해서는 일부러 미지의 시장에 뛰어들어 기존 기업이 상상하지 못했던 파괴적 혁신을 일으킬 필요가 있습니다.

물론 웬만한 일로는 성공을 이룰 수 없습니다. 과거 통계에 따르면, 스타트업의 생존 확률은 기껏해야 0.3% 정도라고 합니다. 하지만 그 0.3% 안에는 완전히 새로운 시장을 개척해 세계적인 규모로 비즈니스를 확대한 기업들이 있습니다. 이 Chapter에서 소개한 우버와 에어비앤비는 모두 창업 후 10년도 지나지 않아 시가총액 몇조 엔이라는 대형 비즈니스로 성장했습니다.

성공한 스타트업 기업은 예외 없이 '이런 상품이나 서비스가 있었으면 좋겠다'라는, 고객을 즐겁게 할 수 있는 뛰어난 아이디어가 있었습니다. 그런데 이러한 아이디어를 아무것도 없는 상태에서 발명한 것이 아닙니다. 우버라면 택시의 배차, 에어비앤비라면 숙박시설이라는, 원래부터 존재하는 서비스 안에서 고객이 불편을 느끼고 있던 것, 또는 고객도 아직 눈치채지 못했던 가치를 찾아내 새로운 비즈니스로서 단번에 공세를 가했던 것입니다.

최근에는 일본에서도 스타트업에 도전하는 사람이 늘고 있습니다. 저도 프레젠테이션을 받거나 상담을 받을 기회가 있었는데, '이런 상품이나 서비스가 있었으면 좋겠다'라는 고객 가치, '이렇게 번다'라는 이익 구조를 잘 설정하고 나서 비즈니스에 임하고 있는 케이스도 절대 적지 않았습니다. 그렇다면 성공적인 스타트업들이 속출할 것 같은데, 현실은 그렇지 않습니다. 왜 그럴까요?

여기서 포인트가 되는 것이 '프로세스'입니다. 고객 가치와 이익을 실현하기 위해 얼마나 비즈니스를 움직이는가 하는 '프로세스'의 우열이 명암을 가르는 것입니다. 우버도, 넷플릭스도, 에어비앤비도, 성공한 스타트업은 '생각'만이 아니라 그것을 빠르게 실행에 옮기는 기동력이 있었습니다. 현실사회에서 비즈니스를 움직여가는 순서(⑦ How)를 짜고, 경쟁자에게 지지 않는 강점(⑧ What)을 내세움과 동시에 약점을 커버해주는 파트너(⑨ Who)와 제휴하면서 스타트 대시를 한 것입니다.

스타트업은 '프로세스'를 유연하게 바꿀 수 있다

스타트업의 특징 중 하나로 꼽을 수 있는 게 유연하게 프로세스를 바꿀 수 있다는 점입니다. 상품이나 서비스의 내용이 어느 정도 굳어지면 아는 범위에서 프로세스를 정하고 일단 시작해보는 것입니다. 그리고 무언가 문제가 생기거나 한계를 느끼면, 처음의 설계에 구애받지 않고 필요에 따라서 프로세스를 추가하거나 변경해 비즈니스를 발전해나갑니다. 그런 임기응변의 대처 방법이 급성장의 가능성을 높이는 것입니다.

'린 스타트업'이라는 말이 있습니다. 린(lean)은 낭비가 없다는 뜻으로, 거기에 스타트업을 합친 조어인데, 여기서 말하는 '낭비가 없다'는 것은 비용을 가급적 들이지 않고 새로운 상품이나 서비스를 제공해 고객의 반응을 보고 성공할 것인지, 아닌지를 판단한다는 것입니다. 이는 피해를 최소화하고 궤도 수정을 꾀할 수 있는 비즈니스 방법으로 주목받고 있지만, 여기서 주의하지 않으면 안 되는 것이 '프로세스'가 소홀하게 된다는 점입니다.

'어쨌든 해본다'라는 것은 같아도 프로세스를 소홀히 한 채로 시작하는 것과 가능한 범위에서 순서를 정하고 나서 시작하는 것은 후에 궤도 수정을 도모할 때 큰 차이가 생깁니다. 비록 대충이라도 프로세스에 따라서 사업에 임한다면, 어디를 고치면 좋을지, 어디가 부족한지 등의 문제점을 파악하기 쉽기 때문에 신속하게, 그리고 효율적으로 궤도를 수정할 수 있습니다.

이러한 융통성 있는 시스템은 이미 업무의 순서가 확립되어 있어 거의 체계적으로 비즈니스를 움직이는 대기업이 절대로 흉내 낼 수 없는 스타트업의 최대 강점입니다. 사람, 물건, 돈이 안정된 대기업에 대해 어떻게 도전할 수 있을지를 생각하고, 프로세스를 연마함으로써 성장의 길이 열리는 것입니다.

"그것이 정말 강점입니까?"

"당신 회사의 강점을 알려주세요"이렇게 질문하면 '무차입 경영'이나 '사원의 접객 스킬이 높다'라고 하는 대답이 돌아오는 경우가 있습니다. 이것들이 정말 강점일까요?

객관적으로 자신들의 강점, 약점을 분석하는 것은 의외로 어렵습니다. 그래서 판단 기준 중 하나가 되는 VRIO(브리오)를 소개해드리겠습니다.

VRIO는 경영전략론의 대가인 제이 바니(Jay B. Barney)에 의해 제창된 방법입니다. 각각 4가지 체크사항(V, R, I, O)에 답함으로써 자사의 강점을 알아낼 수 있습니다. 바니의 저서에서 소개된 방법은 좀 더 복잡한 내용이지만 여기에서는 제가 간결하게 정리한 것을 소개하겠습니다.

자료를 봐주세요. "당신의 회사의 장점은 무엇입니까?" 다음 페이지에 있는 괄호 안에 장점을 적고, 그 아래의 VRIO 표에 'ㅇ' 또는 'X'를 기입해주세요. 결론적으로 VRIO 중 하나라도 '×'가 붙으면 그 항목은 강점이라고 판정할 수 없습니다. 강점이 아니라는 것은 오히려 약점이라고 생각하는 것이 좋습니다.

당신(의 회사)의 장점은 무엇입니까?

"   "

그것은 ……

> **'○' 또는 'X'를 기입**

고객에게 가치(Value)가 있습니까?	☐
희소(Rarity)한 것입니까?	☐
흉내 내는 것이 어려운가요(Inimitability)?	☐
조직(Organization)적으로 활용하고 있나요?	☐

우선은 이 자료에 따라 당신이 강점이라고 생각하는 '자원', 구체적으로는 사람, 물건, 돈, 정보의 특징을 판단해보세요.

어떤가요? 모든 것에 ○가 붙는 진짜 강점이 있었나요? 이 기준에 맞추면 좀처럼 강점을 찾을 수 없거나, 생각했던 것이 강점이 아닌 것으로 판명되어 충격을 받을 수도 있습니다. 그러나 이 분석의 목적은 '현재의 자원을 어떻게 강점으로 바꿀 것인가'를 생각하는 데 있습니다. 그렇기 때문에 '스스로는 강점이라고 생각하는 자원'을 분석한 결과, 만약 강점이 아니라고 판단되었다면 반대로 각 항목에 적합하려면 어떻게 해야 할지 생각하면 됩니다.

첫 번째 팁은 고객 가치 제안으로 거슬러 올라가 보는 것입니다. 그리고 고객 가치 제안을 지원할 수 있도록 가지고 있는 자원의 좋은 면을 끌어내 최적화하는 등 그 자원을 재정의합니다. 리소스에 대한 '×'를 고객 가치 제안과의 관계에서 어떻게 '○'로 바꿀 수 있을지가 포인트가 됩니다.

그것이 실현되면 지금보다 더 활동 디자인이 정교해지고, 자사의 특성을 살린 비즈니스를 할 수 있게 될 것입니다. 흔히 '무차입 경영'을 강점으로 꼽는 사람이 있는데, 이는 강점이라고 할 수 없습니다. 왜냐하면, 마음만 먹으면 다른 회사도 따라 할 수 있기 때문입니다. 다만 그것이 '할인 소매업'에서 대량으로 싸게 구입하기 위한 강력한 무기가 될 수 있다면 이야기가 달라집니다. 그때는 무차입 경영이 아닌, '공급자와의 신뢰 관계'라고 하는 테마로 바꾸어서 봐주세요. 더 중요한 게 보일 것입니다.

'사원의 접객 스킬의 높다'라는 것도 접객업이라면 당연히 필요한 것이므로 희소가치가 있는 것도, 흉내 내기 어려운 것도 아닙니다. 무엇보다 그런 직원이라면 스카웃당할 수도 있고, 그렇게 되면 금세 강점은 소멸하게 됩니다. 그러나 이것이 조직적으로 모두가 같은 레벨로 접객할 수 있는 교육 시스템이나 구조가 된다면, 희소가치가 있고 흉내 내기 어려운 것이 될 것입니다. 디즈니 리조트나 리츠칼튼의 접객은 조직적인 레벨로 매뉴얼화·구조화되어 있기 때문에 강점이 되고 있습니다.

세로 연결에서
'돈을 버는 스토리'를 생각한다

지금까지 나인 셀의 '고객 가치', '이익', '프로세스'의 가 단을 각각 가로 라인에서 잘라내어 실제로 있는 기업이나 사업을 사례로, 무엇이 포인트가 되는지 살펴보았습니다.

이러한 가로 연결을 기초로 세로 연결도 확인해봄으로써 더욱 막강한 비즈니스를 낳는 것이 가능하게 됩니다. 여기에서는 대표적인 4개의 '세로 법칙'을 전달하고, 어떻게 비즈니스를 구축해나가면 좋을지를 생각해보겠습니다.

가로의 타당성을 바탕으로
세로의 타당성도 생각해보자

여기서 다시 나인 셀의 9개의 요소를 확인해보겠습니다(〈자료 5-1〉).

먼저 상단의 '고객 가치'를 봐주세요.

① Who의 타깃으로 삼아야 할 고객이 바뀐다면, ② What이 제안해야 할 해결책은 바뀝니다. 그러면 ③ How에서 경쟁 상품이나 서비스와의 차이를 어떻게 소구할 것인가 하는 방법도 달라집니다. 이처럼 ①, ②, ③을 검토할 때는 마케팅적 사고에 근거한 가로의 타당성이 요구됩니다. 반대로 말하면, 가로의 타당성을 잘 취할 수 있다면, 그것은 마케팅 기법상 이치에 맞다고 할 수 있습니다.

이렇게 고객 가치의 타당성을 생각하는 데 포인트가 되는 것

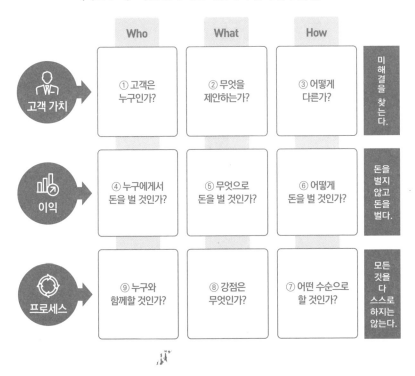

〈자료 5-1〉 **나인 셀의 가로 라인에서 생각해야 할 것**

	Who	What	How	
고객 가치	① 고객은 누구인가?	② 무엇을 제안하는가?	③ 어떻게 다른가?	미해결을 찾는다.
이익	④ 누구에게서 돈을 벌 것인가?	⑤ 무엇으로 돈을 벌 것인가?	⑥ 어떻게 돈을 벌 것인가?	돈을 벌지 않고 돈을 벌다.
프로세스	⑨ 누구와 함께할 것인가?	⑧ 강점은 무엇인가?	⑦ 어떤 수순으로 할 것인가?	모든 것을 다 스스로 하지는 않는다.

이 '미해결을 찾는다'입니다. 고객이 상품이나 서비스를 찾기 시
작하는 것은 어떤 문제를 안고 있을 때입니다. 그 일을 해결하기
위해서는 '아직 해결되지 않은 용건이 무엇인가?'를 얼마나 앞
질러 생각할 수 있을지가 관건입니다.

이 능력이 뛰어난 것이 Chapter 2에서 다룬 프록터 앤드 갬
블(P&G)입니다. '소비자는 보스'라는 생각으로 자사 제품을 실
제로 사용하는 고객의 집에 며칠간 머물며 일상생활에 어려움
을 겪고 있는 것은 없는지 조사하고, 그것을 상품이나 서비스에

반영하고 있기 때문입니다.

이어서 가운데 '이익'을 봐주세요.

④ Who(누구에게서 돈을 버는가?)가 바뀌면, ⑤ What(무엇으로 돈을 버는가?)도 바뀌고, 그렇게 되면 '즉시 돈을 버는 것인가?', '시간을 들여서 버는 것일까?', '그 방법은 어떻게 할 것인가?'라는 ⑥ How의 내용도 바뀌게 됩니다. '누구에게 언제 어느 타이밍에 과금할 것인가? 과금하지 않을 것인가?' ④, ⑤, ⑥을 생각하는 것은 이익 설계를 전체적으로 보는 것으로 이어집니다.

이익의 타당성을 생각하는 데 키워드가 되는 것은 '돈을 벌지 않고 돈을 벌다'입니다. 그것을 단적으로 보여주는 게 Chapter 3에서 이야기한 코스트코의 사례입니다. 이 회사는 연회비를 이익의 기본으로 하고, 판매하는 상품 자체의 가격은 싸게 억제하고 있습니다.

④, ⑤, ⑥은 경영자의 생각과 직원의 생각에 엇갈림이 없는지 확인해주어야 합니다. 만약 코스트코와 같이, 먼저 받은 연회비를 기초자금으로 하는 이익 설계로 사업을 전개하고 있을 때, 경영자의 의도가 잘 전해지지 않고 종업원이 상품 그 자체로도 벌려는 마음에 사들이기 시작하면, 눈 깜짝할 사이에 이 회사의 과금 모델은 파탄이 나게 됩니다.

마지막으로 하단의 '프로세스'를 보도록 하겠습니다.

⑦ How의 비즈니스를 움직이는 순서가 바뀌면 자사의 강점인 ⑧ What이 영향을 받고, 함께할 상대인 ⑨ Who도 달라집니다. 프로세스는 고객 가치와 이익에 대해서 생각한 후, 그것을 어떻게 실행해나갈지 생각하는 것입니다. 즉, 경영전략을 생각하는 것과 같기에 이것 역시 ⑦, ⑧, ⑨에 타당성이 없으면 막상 비즈니스의 시작이 좋아도 내외부의 톱니바퀴가 맞지 않아 성공으로 이어지지 못하게 됩니다.

프로세스의 타당성을 생각하는 데 포인트가 되는 것은 '모든 것을 다 스스로 하지는 않는다'입니다. 이것저것 혼자서 열심히 하려고 하지 말고, 자사가 잘하는 것을 보다 강화하기 위해 타인을 적절하게 이용하는 자세가 중요합니다.

이것을 잘하는 게 우버입니다. 우버는 택시 배차 서비스를 하는 사업임에도 불구하고, 자체적으로 택시 회사를 설립한 것은 아닙니다. 자신들이 직접 하는 것이 아닌, 개별 택시 운전사와 계약을 하고 있습니다. 우버는 자신들의 강점이 '조작성이 좋은 앱'이라고 하는 IT 영역에 있는 것을 알고 있었기에 이미 있는 전세 차량이나 택시에 주목한 것입니다. 뛰어난 착안점으로 결과적으로 투자액을 최소화해 스타트업에서 두각을 나타낼 수 있었습니다.

지금까지 이야기한 것처럼 나인 셀은 가로의 타당성이 가장 기본입니다. 다만 막강한 비즈니스를 만들려면 가로의 타당성뿐만 아니라, 세로의 타당성도 생각할 필요가 있습니다. 이 Chapter에서는 이를 4개의 법칙으로 전하려고 합니다.

돈을 버는 대상을 조금 비틀어 보면
뛰어난 비즈니스가 된다

'고객이 상품이나 서비스에 뭔가 용건이 있고, 그것을 이떻게 해결할 것인지 생각한다', 이것은 비즈니스를 구축하는 기본자세지만, 그렇다고 해서 '고객 가치'의 ① Who와 ② What에만 집중해서도 안 됩니다. 처음에는 참신해도 곧바로 비슷한 상품이나 서비스를 제공하는 기업이 나오기 때문에 시장이 포화하는 것은 시간 문제입니다.

 그렇다면 어떻게 하면 좋을까요? 그 한 예로, 고객 가치의 ① Who와 이익의 ④ Who, 또는 고객 가치의 ② What과 이익의 ⑤ What이라는 세로 연결을 생각하는 것입니다. 이를 통해 문제 해결을 위한 돌파구가 보이게 됩니다,
 구체적으로는 ①의 '고객'과 ④의 '누구'가 같은지, 다른지, 또

는 ②의 '무엇'과 ⑤의 '무엇'이 같은지, 다른지 하는 것입니다. 즉, 상품이나 서비스 자체가 아닌, 과금 모델을 어떻게든 함으로써 상품이나 서비스를 뛰어나게 만드는 방법을 찾아가는 것입니다. 다시 말해, 상품이나 서비스로 돈을 버는 것이 아닌, 과금 포인트를 조금 다른 관점에서 볼 수 없을지를 생각하는 것입니다. 이것이 경쟁사들을 앞서 나갈 수 있는 지름길입니다.

그럼 상품이나 서비스로부터는 돈을 벌지 않는다면 어디서 돈을 벌 수 있을까요? 그 대표적인 사례가 무료 게임입니다. 유료로 진행해도 될 정도의 퀄리티가 높은 게임임에도 게임 자체로부터는 돈을 벌지 않고, 유료 아이템을 갖고 싶은 사람, 즉 게임

〈자료 5-2〉 **나인 셀의 '세로의 타당성'을 생각한다**

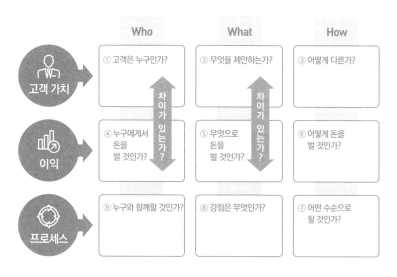

의 헤비 유저에게만 과금을 하는 것입니다. 무료 게임을 무료의 범위 내에서 즐기는 95%의 사람으로부터는 돈을 벌지 않고, 아이템을 사서라도 게임을 하고 싶은 5%의 사람에게서 돈을 벌겠다고 처음부터 정하고 비즈니스를 전개합니다.

아마존의 프라임 회원제도도 그렇습니다. 3,900엔(세금 제외)의 연회비를 냄으로써 배송이 빨라지거나 영화나 드라마를 마음껏 볼 수 있고, 100만 곡의 음악을 마음껏 들을 수 있는 서비스를 받을 수 있습니다. 이것도 코스트코와 같이 연회비를 수익의 중심으로 삼고, 상품이나 서비스 콘텐츠 자체로는 돈을 벌지 않는 비즈니스 모델입니다. 이처럼 과금 방법을 조금 비틀어 생각하는 것만으로도 더욱 전투적인 비즈니스가 될 가능성이 커집니다.

'차이'와 '강점'을 의식하면, 라이벌이 쫓아올 수 없다

여기서는 고객 가치의 ③ How와 프로세스의 ⑧ What을 주목해주세요. 대부분의 기업이 자사 상품이나 서비스가 경쟁사와 어떻게 다른지, 아니면 대체 가능성이 있는 상품이나 서비스와 어떻게 다른지를 생각하고 있습니다. 이때 중요한 것은 자사의 강점이 뒷받침된 것인지를 확인하는 것입니다. '차이'가 반드시 '강점'이 되는 것은 아닙니다. 그렇기에 ③과 ⑧의 타당성을 생각하는 것이 중요합니다.

예를 들어 '수업이 매우 재미있다'고 학생들로부터 평판이 자자한 대학교수가 있다고 합시다. 학교 측은 그런 교수를 몇 명이나 고용하고 있을 경우, 그것이 ③의 차이이며, ⑧의 강점이라고 생각하고 있습니다. 교수님이 좋은 평가를 받을 때마다 학교도 주목을 받을 수 있기에 학교 전체의 평판도 점점 올라갈 가능성이 큽니다. 하지만 그 선생님들이 교수가 아니라 시간강사라면 어떨까요? 다른 대학에서 그 강사를 교수로 스카우트를 함으로써 그 강사가 사라진다면, 우리 학교의 강점이라고 생각했던 것이 그대로 다른 학교의 강점이 되어버립니다.

이처럼 '차이'는 타사에 인지되면 곧바로 모방되어버리는 경우가 많습니다. 그러므로 쉽게 따라 하지 못하도록 대체하기 어려운 기업 고유의 자원(강점)으로 차이를 만들 수 있도록 ③과 ⑧의 관계를 항상 의식해야 합니다.

〈자료 5-3〉 '고객 가치'의 How와 '프로세스'의 What의 타당성 확인

	Who	What	How
고객 가치	① 고객은 누구인가?	② 무엇을 제안하는가?	③ 어떻게 다른가?
이익	④ 누구에게서 돈을 벌 것인가?	⑤ 무엇으로 돈을 벌 것인가?	⑥ 어떻게 돈을 벌 것인가?
프로세스	⑨ 누구와 함께할 것인가?	⑧ 강점은 무엇인가?	⑦ 어떤 수순으로 할 것인가?

차이와 강점이 연결되어 있는가?

자신의 '강점'을
'수익'으로 연결시킨다

이익의 ⑤ What과 프로세스의 ⑧ What의 세로 라인은 자사의 자원으로 수익 포인트를 확보할 수 있는지를 묻는 부분입니다. 그중에서도 상품이나 서비스를 통해 돈을 벌지 않는 것과 돈을 버는 것을 명확하게 구분하고 있는 기업은 돈을 버는 부분에 대해서는 외부에 맡기지 않고 스스로 담당하지 않으면 안 됩니다. 이것은 Chapter 3에서 소개한 '로직 D'에 해당하는 수익을 얻는 방법을 활용하는 기업과 같습니다.

프린터 메이커는 프린터 본체로는 돈을 벌지 않겠다고 결정하고 소모품인 잉크로 돈을 벌고 있습니다. ⑤와 ⑧의 법칙으로 생각하면, 수익률의 기둥이 되는 이익률 높은 잉크의 판매는 타사에 맡기지 않고, 자사 제품으로 판매해야 합니다. 다만 이익의 기둥을 자사에서 쥐고 있어도 그 상품이나 서비스가 타사에서 모방하기 쉬운 것일수록 한계가 생깁니다.

 사실 프린터 제조회사에서 판매하는 정품잉크는 비싸기 때문에 거기에 눈독을 들인 기업이 훨씬 싼 잉크를 판매하자 당연히 그쪽의 점유율이 신장했습니다. 고객 입장에서 보면 프린터 제조사가 정품 잉크 가격을 내릴 수 없는 사정 같은 것은 상관없기 때문에 싼 잉크를 택하게 되는 것은 당연합니다. 프린터 제조회사는 지금까지의 비즈니스 구조를 재검토해야 할 필요성이 대두되고 있습니다.

〈자료 5-4〉 '이익'의 What과 '프로세스'의 What의 타당성도 중요

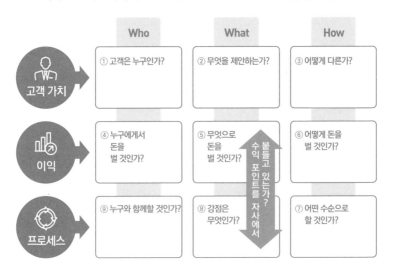

그것은 즉, 최종적으로는 고품질을 추구함으로써 프린터 본체 자체로 돈을 버는 '로직 A'를 채용하는 것을 의미합니다. 대기업이 직구 승부하는 단품 판매에 집중하는 로직 A이지만, 어떤 기업이든 가장 수익이 예상되는 로직 A에서의 과금이 향후 목표가 됩니다. 현재의 '수익' 포인트를 앞으로도 계속 자사가 가지고 있을지 다시 한번 확인해주십시오.

제조업의 비약적인 발전의 힌트는
'세로의 How'

제조업은 제품을 만드는 것만으로는 차별화를 할 수 없게 되어 언젠가는 성장이 멈추게 됩니다. 이럴 때 생각하고 싶은 것이 How의 세로 선의 ③, ⑥, ⑦입니다.

고객 가치의 ③ How로 '차이'를 내세울 수가 있었다고 하더라도, 언젠가는 경쟁 기업이 바짝 쫓아올 것이 예상되기에 그것만으로는 성장을 지속할 수 없습니다. 그 때문에 상품이나 서비스를 판매할 때뿐만 아니라 판매하기 전, 또는 판매한 후에도 고객에게 무엇을 해줄 수 있을지 생각하는 것이 중요합니다.

컴퓨터 유지보수 회사로 창업한 델은 2000년 후발업체이면서도 PC 판매업에 나섭니다. 후발이기 때문에 평범한 판매로는 ③의 차이를 내세울 수 없습니다. 그렇다면 이 회사는 무엇을 했을까요? 바로 주문 생산입니다. 소매나 대리점을 통해 판매하는 경쟁사가 예측 생산한 재고를 다수 보유하고 있었던 반면, 델은 고객의 주문을 받은 후에야 원하는 사양으로 커스터마이즈한 것을 조립해서 판매하는 획기적인 절차를 선택했습니다.

주문 생산이기 때문에 CPU나 메모리 하드디스크 등의 부품은 주문을 받은 후, 가장 저렴한 타이밍에 사서 조립할 수 있습니다. 그러다 보니 몇 달 전부터 부품업체에 대량으로 발주해야 하는 대기업에 비해 압도적으로 빠르고, 저렴한 가격에 PC를 판매할 수 있게 된 것입니다.

〈자료 5-5〉 **3가지 How의 세로 타당성도 중요**

	Who	What	How
고객 가치	① 고객은 누구인가?	② 무엇을 제안하는가?	③ 어떻게 다른가?
이익	④ 누구에게서 돈을 벌 것인가?	⑤ 무엇으로 돈을 벌 것인가?	⑥ 어떻게 돈을 벌 것인가?
프로세스	⑨ 누구와 함께할 것인가?	⑧ 강점은 무엇인가?	⑦ 어떤 수순으로 할 것인가?

판매 전과 판매 후까지도 지원해주고 있는가?

더불어 당시 소비자 지원 서비스에 소극적이었던 경쟁사들이 외면한 판매 후 A/S에도 주력해서 고객의 지지를 얻었습니다. 이것은 ⑥ '어떻게 돈을 벌 것인가?'에 해당합니다. 즉, 델은 '상품을 팔면 그만'이 아닌, '상품을 판 후에 무엇을 할 수 있을까'라고 하는 과금 포인트(고객 접점)의 시야를 확대해서 생각했습니다. A/S를 철저히 했기 때문에 '새로운 PC를 살 때도 또 델을 선택하자'라고 하는 피드백을 얻을 수 있었습니다. 이렇게 해서 델은 고객 시선으로 프로세스의 ⑦ How를 생각해 실제로 비즈니스로 전개해나갔습니다.

이처럼 ③ '차이'를 ⑥ '구입 이후'까지 시야를 확대해서 내세우고, 더욱이 그것의 ⑦ '순서'까지 생각할 수 있다면 제조 기업에도 이노베이션의 기회가 얼마든지 있을 것입니다.

비즈니스 전체를 살펴보고
스토리를 풀어가자

  지금까지 살펴본 것처럼 나인 셀은 고객 가치, 이익, 프로세스 각각의 Who-What-How라고 하는 가로의 관련성뿐만 아니라 세로의 관련성도 고려해서 구축하게 되면 비즈니스 전체를 살펴볼 수 있습니다.

  마케팅이나 파이낸스, 전략을 비롯한 경영학의 여러 분야는 대개 가로의 법칙으로 성립되어 있습니다. Who-What-How라고 하는 가로의 일관성을 중시하기 때문에 비즈니스가 상식적인 틀 안에 갇히게 되는 경향이 강해집니다. 이러한 '틀'에서 빠져나오기 위한 한 가지 방법으로 스토리를 뽑아내는 것이 있습니다. 한동안 '전략은 스토리다'라고 하는 논리가 유명해진 후, 비즈니스 책 등에서 '스토리'라고 하는 키워드가 유행했지만, 실제 현장의 경영자나 직장인, 또는 지금부터 스타트업을 목표로 하는 기업가가 0에서부터 비즈니스 스토리를 만들어내는 것은 힘듭니다.

하지만 나인 셀을 사용해서 9개의 질문을 기반으로 자유로운 발상을 통해 아이디어를 부풀려나가면 경영학 지식이 없는 사람이라도 비교적 간단하게 스토리를 만들 수 있습니다. 방법은 간단합니다. 나인 셀의 한 셀을 기점으로 스토리를 생각해보는 것입니다.

예를 들어, '고객 가치'의 ① Who(고객은 누구인가?)의 셀을 기준점으로, ② What(무엇)을 제안해서, 어떻게 ③ How(차이)를 나타낼 수 있을까와 가로 셀을 연결합니다. 그것만으로도 '이런 용건을 안고 있는 고객에게 이런 서비스를 제공할 수 있고, 확실히 갖고 싶었던 서비스였다고 기뻐할 것이다'라는 식으로 스토리를 엮어갈 수 있을 것입니다.

여기서 만들어진 가로 선을 바탕으로 이제는 세로 선을 연결해나갈 수 있을지 생각해보는 것입니다. 예를 들어, '고객에게 제공이 정해진 서비스를 무료로 이용할 수 있도록 하면 고객은 더욱 기뻐하지 않을까?' 하는 느낌입니다. '하지만 이대로라면 경리나 재무 부문에 차질이 생기기 때문에 과금 포인트를 연구

할 필요가 있을 것 같다' 하는 식으로 사고를 거듭해나가면 프로젝트 전체 스토리가 연결됩니다.

저는 고객 가치, 이익, 프로세스의 각각의 가로 연결을 의식하면서 일을 했는데, 언젠가 저명한 경영자와 일을 하게 되면서, 나인 셀의 가로와 세로를 크로스시켜 새로운 비즈니스를 만들어나갈 수 있다는 것을 경험했습니다. 그 후 많은 경영자나 기업가를 만나 일했지만, 우수한 사람일수록 예외 없이 가로, 세로를 모두 잘 사용하고 있었습니다. 그들은 무의식중에 '이렇게 하면 고객은 더 기뻐하지 않을까?'라고 하는 '고객 가치'를 축으로 스토리를 엮고 있었습니다.

이처럼 자유롭게 발상하면서 나인 셀에서 스토리를 만드는 연습을 해보면, 그것은 어느새 비즈니스 전체를 볼 수 있는 통찰력으로 연결되리라 생각합니다.

고객의 '용건'에서
'돈을 버는 구조'가 보인다

여러분들은 왜 이 책을 구입하셨나요?

"새로운 사업 모델을 생각하라"라고 상사로부터 명령을 받은 사람이 있는가 하면, '지금의 비즈니스가 막다른 곳에 있다고 생각해 돌파구를 찾고 싶다', '수익 구조를 구축하고 싶다'라고 생각한 경영자분도 있을지 모릅니다. 어쨌든 어떠한 문제 의식을 가지고 있기 때문에 이 책을 손에 집은 것이 아닐까요. 이 '문제 의식'이야말로 이 책에서 몇 번이나 이야기한 '해야 할 용건'입니다.

새로운 사업의 힌트를 얻기 위해, 또는 지금의 비즈니스 개선책을 찾는 수단 중 하나로 강연회나 컨설팅, 각종 공개강좌 등 다양한 선택지가 있는 가운데 서적을 선택했고, 시중의 수많은 비즈니스 책 중에서 이 책을 선택한 것이라고 생각합니다.

저는 이 책에서 여러분이 9개의 질문에 대답하는 것만으로 비즈니스 전체를 볼 수 있는 나인 셀을 제안했습니다.

이제 책을 읽은 여러분은 어떻게 행동할까요? 그것을 실제로 일에 활용할 수 있는 힌트가 될 수 있을지 시험해보지 않을까요? 결과적으로 고객에게 한 걸음 앞서 제안할 수 있게 되거나, 타사와는 다른 수익원을 찾아내거나, 타사와 역할 분담을 잘할 수 있게 될 것이라 생각합니다. 이러한 노하우와 지금까지 쌓은 경험을 합치면 비즈니스를 구축하는 실천적인 능력이 높아질 것입니다.

바로 이 부분이 이 책의 '해야 할 일이 해결되었을 때'입니다. 나인 셀의 생각에 흥미를 느끼셨다면 가능하면 몇 번이고 다시 읽어서 머릿속에 습득해주신다면 그 이상 기쁜 일은 없을 것입니다. 그리고 나인 셀이라고 하는 툴을 불필요하게 될 정도로 잘 다루어서 자신의 비즈니스력을 단련시키면 좋겠습니다.

나인 셀에서 비즈니스를 자유롭게 만들어보세요

사업을 하는 한 우리는 이익을 내야 하는 것에서 벗어날 수 없습니다. 자신의 보수가 매출에서 지급되고 있기에 이것은 당연한 것이라고 할 수 있습니다. 여기서 꼭 명심해야 할 것은 이익을 내려면 이익만 따지지 말라는 것입니다.

저 역시 그 덫에 빠졌던 시절이 있었습니다. 과거에는 '이익'을 주제로 회계나 재무 연구를 했는데, 좀처럼 본질에 접근하지 못했고, 그 원인 역시 알 수 없었습니다. 그러다가 이러한 상황으로부터 벗어날 수 있던 것은 '비즈니스는 좀 더 자유롭게 발상해도 되는 것이다'라고 깨달았기 때문이었습니다.

'대상은 비즈니스이니까 회계나 재정의 세계에 머무를 필요는 없다'라고 생각해 경영전략이나 마케팅 등도 포함해서 전반적으로 배우던 중, 나오게 된 결론은 '비즈니스의 목적은 고객을 기쁘게 하는 것'이었습니다. 제가 비즈니스의 목적이라고 믿고 있던 '이익'은 고객을 계속 기쁘게 하기 위한 제약조건에 지나지 않았습니다. 기업은 이익이 없으면 사업을 계속해나갈 수 없습니다. 이것도 맞는 말입니다. 하지만 '이익을 내는 것이 아닌, 고객을 기쁘게 하는 것이 목적이다'라는 진리는 무슨 일이 있어도 지켜야 합니다.

그래서 저는 기업 본래의 목적인 '고객 가치'와 기업이 계속 존속하기 위한 '이익'을 어떻게 동시에 창출할 것인가에 초점을 맞춘 연구를 계속한 후에 '프로세스'도 포함된 9가지 질문, '나인 셀'을 체계화시켰습니다. 동시에 꽤 실무적인 테마였기 때문에 실제로 기업에 부탁해서 나인 셀을 사용한 사업 프로젝트 등에 참가하며 '검증'을 계속했습니다. 현재는 여러 기업의 신규사업 구축 등에 활용되고 있으며, 비즈니스의 이노베이션을 생각하는 유익한 힌트를 발견할 수 있는 프레임워크라고 자부하고 있습니다.

　비즈니스는 끝없이 진화합니다. 이것이 완성형이라고 생각한 시점에서 그 비즈니스는 시들게 됩니다. 고객의 '해야 할 용건'은 항상 변화하고 있습니다. 그렇기 때문에 그 '고객 가치'에 맞추어 '이익'이나 '프로세스'도 적절히 수정하고 변화시키면서 시스템을 진화시켜주십시오.

　나인 셀을 사용해 비즈니스에 이노베이션이 일어나고, 성공하는 기업이 늘면, 그것은 '고객 가치'의 실현으로 이어집니다. 고객이 기뻐하고 회사에도 이익을 계속 가져다주는 기업이 계속 탄생해서 더 좋은 사회가 실현되는 것을 기대하며 이만 마칩니다.

휴대용

나인 셀 카드

    '돈을 버는 스스템'을 만들기 위한 9가지 질문(나인 셀)의 특제 카드를 제작했습니다. 선대로 잘라서 9장으로 나누어서 사용해주세요. 카드의 앞에는 이 책에서 몇 번이고 설명한 9가지 질문을, 카드의 뒤에는 각각의 질문을 생각하기 위한 힌트가 쓰여 있습니다. '그 회사는 어떻게 이익을 얻게 되었을까?', '이 신규 사업의 아이디어는 잘 풀릴까?' 등의 의문이 생겼을 때 쓱 꺼내서 활용하면 비즈니스의 사고방식이나 상황을 전반적으로 살필 수 있는 힘을 키울 수 있을 것입니다. 당신의 비즈니스력 강화에 도움이 되길 바랍니다.

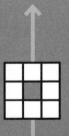

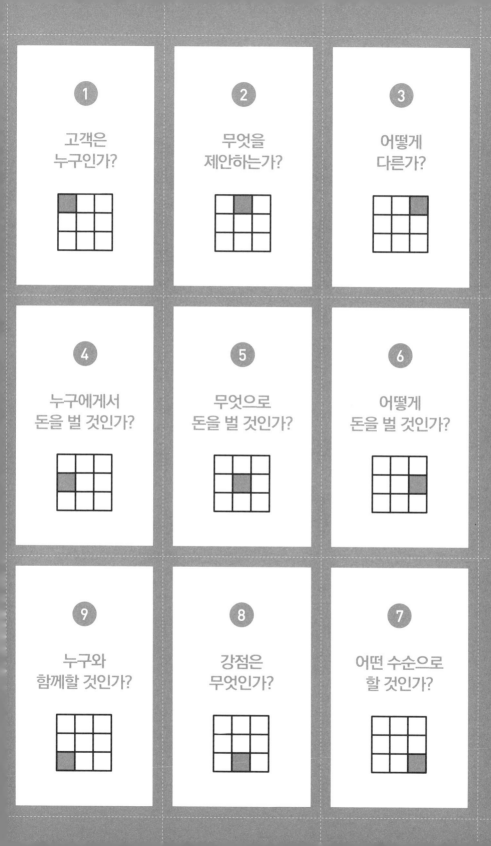

① 고객은
누구인가?

② 무엇을
제안하는가?

③ 어떻게
다른가?

④ 누구에게서
돈을 벌 것인가?

⑤ 무엇으로
돈을 벌 것인가?

⑥ 어떻게
돈을 벌 것인가?

⑨ 누구와
함께할 것인가?

⑧ 강점은
무엇인가?

⑦ 어떤 수순으로
할 것인가?

대체 제품뿐만이
아니라 대체 솔루션

고객의 미해결을
찾아라!

해결해야
할 일은 무엇인가?

과금은 지금이
아니라도 괜찮다.

돈을 벌 수 없는
것을 정한다.

돈을 벌 수 없는
사람을 정한다.

구매 이전이나 이후에도
고객을 살펴라.

고객 가치의 실현은
도움이 될까?

경제성보다
가치관의 공유를!

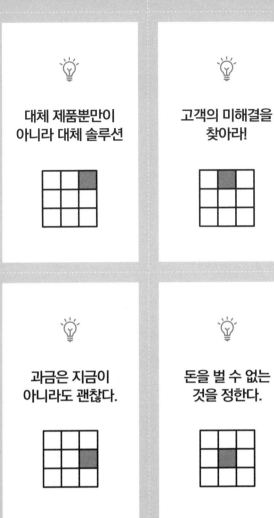

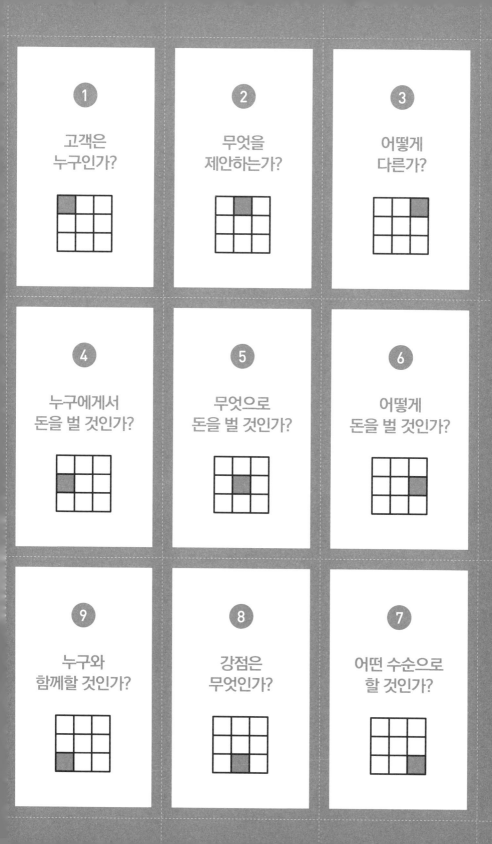

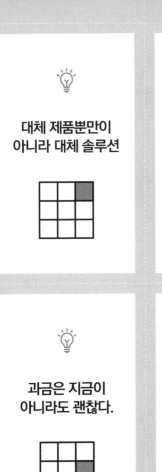

대체 제품뿐만이
아니라 대체 솔루션

고객의 미해결을
찾아라!

해결해야
할 일은 무엇인가?

과금은 지금이
아니라도 괜찮다.

돈을 벌 수 없는
것을 정한다.

돈을 벌 수 없는
사람을 정한다.

구매 이전이나 이후에도
고객을 살펴라.

고객 가치의 실현은
도움이 될까?

경제성보다
가치관의 공유를!

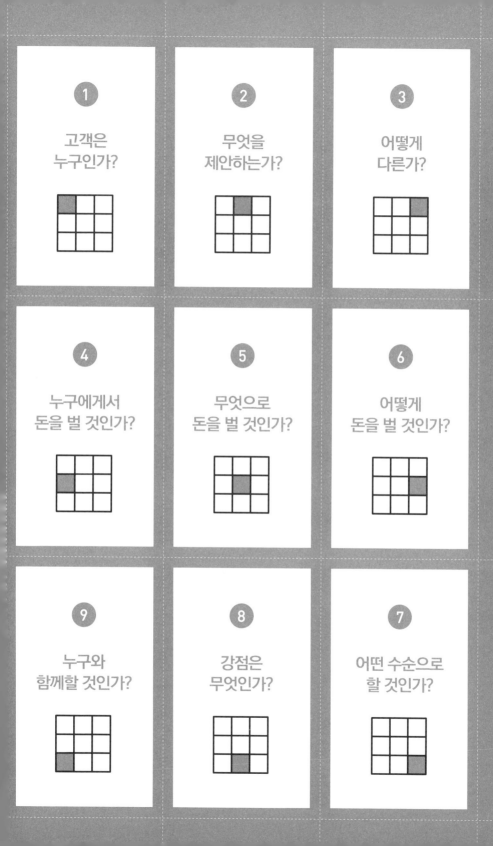

대체 제품뿐만이
아니라 대체 솔루션

고객의 미해결을
찾아라!

해결해야
할 일은 무엇인가?

과금은 지금이
아니라도 괜찮다.

돈을 벌 수 없는
것을 정한다.

돈을 벌 수 없는
사람을 정한다.

구매 이전이나 이후에도
고객을 살펴라.

고객 가치의 실현은
도움이 될까?

경제성보다
가치관의 공유를!

비즈니스 수익 구조를 만들어내는
9셀

제1판 1쇄 | 2022년 10월 27일

지은이 | 가와카미 마사나오
옮긴이 | 서승범   감수 | 복주환
펴낸이 | 오형규
펴낸곳 | 한국경제신문*i*
기획제작 | ㈜두드림미디어
책임편집 | 최윤경, 배성분   디자인 | 디자인 뜰채 apexmino@hanmail.net

주소 | 서울특별시 중구 청파로 463
기획출판팀 | 02-333-3577
E-mail | dodreamedia@naver.com(원고 투고 및 출판 관련 문의)
등록 | 제 2-315(1967. 5. 15)

ISBN 978-89-475-4850-2 (03320)